績效管理：

突破政府績效無法衡量的迷思
與有效訂定績效指標的指引

林文燦————————著

五南圖書出版公司 印行

序

　　行政院前院長毛治國於其擔任行政院副院長，應邀在 2012 年行政院人事主管會報發表演講時，曾指出從商鞅變法到戊戌變法的歷代變法中，較為成功的是明朝張居正的變法圖強，而其關鍵因素之一，就是將考成法作為整飭吏治，落實施政成效的有效手段。張居正整飭吏治的思維邏輯，發韌自「治理之道，莫急於安民生，安民之要，莫急於核吏治」。一旦產生「上澤雖布而不得下疏，下情苦而不得上達」的執行斷鍊現象，則一切良法美意皆如空中樓閣；於是張居正透過建立考成法，立限管制，定期稽核，隨事考核，嚴格控管官員績效，更重要的是結合考察法，綜核名實，信賞必罰，使得「事的考成」與「人的考察」互為表裡，相輔相成。「自考成之法一立，數十年廢弛之政漸次修舉。」

　　我大學時代謝延庚老師說：「政府存在之目的在創造人民最大的幸福。」我加了一句，「政府存在之目的，『因人成事』，以創造人民最大的幸福。」所謂「因人」，所謂「因」就是「依賴」；所謂「人」就是「公務人員」；所謂「成事」就是「成就事功」，合起來說就是「依賴公務人員成就事功」。用現代管理的用語「成果導向」，就是 Peter F. Drucker 所說的：「組織唯一的目標是追求成果。」接著要討論依賴「怎樣的公務人員」呢？我彙整 Drucker 對員工的三個看法：第一，公務人員是「知識工作者」（Knowledge Worker）有專業力；第二，公務人員是「負責工作者」（Responsible Worker）有責任力；第三，公務人員是「有效執行管理者」（The Effective Executive）有執行力。人民最大幸福的實踐就是依賴具有這「三力」的公務人員，創造人民最大幸福。在績效管理層面言，「彙聚群力，眾志成城。」而所謂「在創造人民最大的幸福」為何呢？答案在中央交通部每年都辦「台灣燈會」，22 個縣市政府為何都熱衷辦理大型節慶活動，如台東辦「熱氣球節」、宜蘭辦「國際童玩節」等；這些大型節慶活動辦得

好嗎？答案就在執行力，就在績效管理如何？就是行政機關的績效管理制度好嗎？本書將一一的回答這些問題。

本書探討主題為具有高度爭議性的行政機關績效管理制度變革，其中涉及公務人員考績制度變革中有關團體績效評量制度的建構及未來經立法院審議完成法制化後，中央機關及地方政府團體績效衡量執行的問題。公務人員必然要面對如何推落實績效管理的諸多現實挑戰。筆者將之化約為二個最直接的挑戰：第一個為心理層面：政府所提供的公共服務可以做績效衡量嗎？第二個是技術層面：如何建構一套客觀而具有公信力的績效衡量機制；如何使公務人員具備判斷如何訂定及判斷「好」關鍵績效指標的能力。這二個層面的問題是多數理論界及公務機關、眾多公務人員最為困擾的績效管理實務，尤其是，一旦公務人員考績制度變革中有關體績效評量制度完成法制化後，這些挑戰將無法規避。本書正是為了解決這些困擾而撰寫的，是筆者結合績效管理理論與多年推動行政機關績效獎金暨績效管理制度的實務經驗及體驗，經不斷修改，撰寫而成，俾能分享給讀者。

本書著重於理論與本土案例的結合，分為上下兩篇。上篇為政府績效管理理念篇，第一章行政機關如何推動績效管理制度；第二章績效管理相關概念；第三章政府績效管理實務上常用工具；第四章現行政府績效管理制度分析與檢討。下篇為績效管理實務篇，含第五章績效管理第一個關鍵活動規劃階段：做什麼；第六章績效管理第二個關鍵活動執行階段：如何做；第七章績效管理第三個關鍵活動考核階段：做得如何。

筆者以嚴謹的態度，最豐富的資料；以敘事說故事的方式，分享政府績效管理實務上鮮活的本土案例及實務上的經驗，提供學術界先進做進一步探討延伸的基礎；也希望提供實務界更多績效管理的操作技巧。筆者雖反覆修正，但疏漏在所難免，見解若有不同之處，尚祈士林方家及實務專家指正，以期精進不懈。最後，要感謝我的家人：吾妻素麗、吾子士羣及吾女宜萱常伴相隨，一路相愛，書難盡懷，特誌之以為謝。

目　　錄

上篇

政府績效管理理念篇

第一章
行政機關如何推動績效管理制度

　　本書名為「績效管理」，副標題之一是「突破政府績效無法衡量的迷思」。眾所皆知，行政機關整體公共服務績效衡量的難度、複雜度及高度爭議性；但在民主課責的前提下，卻又具有不可規避性。各利害關係人都必須關心政府績效管理的實際運作情形。首先，身為頭家民眾的利害關係人對公共服務做得好嗎？是切身利益；其次，作為民選首長極想知道選民的付託、競選諾言可否付諸執行？需要進行政策干預？是攸關其政治利益；復以，身為常任文官更想知道如何進行績效管理，能否為人民追求人最大的幸福？總括而言，如何印證民主課責的實然，具體的做法就是如書名「績效管理」的另一個副標題「有效訂定績效指標的指引」，旨在讓讀者透過本土實務案例，印證訂定績效指標的參考指引；以及如何判斷「好」關鍵績效指標的竅門，這也是最大的特色之一。

　　Osborne & Gaebler（1992）的《重塑政府》（中譯名）（Reinventing government）一書，幾乎是我國 1990 年代學術界與實務界推動政府績效管理的聖經，而該書的確在激揚公部門積極嘗試衡量政府施政績效方面，發揮了重要作用。該書曾將政府績效衡量的邏輯總結於下，可作為本書闡述政府績效管理理念篇的起首語：

　　　你不衡量結果，就無法分辨成功與失敗。
　　　（you don't measure results, you can't tell success from failure.）
　　　如果看不到成功，就無法獎勵它。

（If you can t see success, you can't reward it.）

如果你不能獎勵成功，你可能會獎勵失敗。

（If you can't reward success, you re probably rewarding failure.）

如果看不到成功，就無法從中學習。

（If you can't see success, you can't learn from it.）

如果你不能識別失敗，你就不能糾正它。

（If you can't recognise failure, you can't correct it.）

如果你能宣示結果，你就能贏得公眾支持。

（If you can demonstrate results, you can win public support.）

　　本書主要目的，如同副標題是「突破政府績效無法衡量的迷思與有效訂定績效指標的指引」，因爲公共服務績效無法衡量的認知，充斥在行政機關之中；公共服務的性質就如同是民間企業內無形資產（如幸福企業、商譽等）般，眞正無法衡量嗎？這個問題困擾著政府人事單位、研考單位、各級單位主管以及機關首長，尤其是全體公務人員許久。本書期盼有助於政府機關更好地規劃公共政策，透過有效績效管理，爲人民提供更好的公共服務，爲人民創造最大的幸福。然而，政府行政機關推動績效管理不是純技術面的問題，更待溝通的是心態面的問題，是心理建設的問題，其實就是我們當年高中課本，孫中山先生所言：「吾心信其可行，則移山塡海之難，亦有成功之日；吾心信其不可行，雖反掌折枝之易，亦無收效之期。」因此行政機關要推動績效管理，必須先溝通三個問題，第一，爲什麼政府推動績效管理很重要；第二，爲什麼政府推動績效管理如此困難；第三，突破政府推動績效管理困境的重要觀念。

第一節　為什麼政府推動績效管理很重要

　　為什麼各級政府熱衷辦理大型活動，台東縣的「熱氣球節」、台中市新社的「花海節」、澎湖縣的「花火節」、宜蘭縣的「國際童玩節」，而南投縣結合集集沿線車站，舉辦「火車好多節」。2007 年《中國時報》報導：「今年是台灣觀光年，各縣市『活動產業』當紅，全台各地至少有 60 個大大小小的地方節慶或文化觀光季。」

　　大學時代上「西洋政治思想史」課程時，依稀記得我很敬佩的教授謝延庚老師，在課堂上所講的一句很抽象的，很有學問的，當時又不太懂的話，他說，「政府存在的目的在創造最大多數人民的最大幸福。」何謂最大幸福呢？人民怎樣才能感受得到呢？所謂幸福感，用一個升斗小民的感受，用一個台灣底層人民的感受，所謂幸福感，最實在的是，政府的施政能夠讓「民眾賺大錢，起大厝，娶好某，嫁好尪」。因此，如何才能夠讓底層的民眾「有機會」「民眾賺大錢，起大厝，娶好某，嫁好尪」呢？這就是各級地方政府熱衷舉辦各種大型節慶活動的原因，因為有活動才能吸引人潮，有人潮才有錢潮，有錢潮才能夠讓民眾有機會「賺大錢，起大厝，娶好某，嫁好尪」的具體幸福感呢？人民有幸福感自然在下一屆選舉，繼續支持連任。

　　此外，絕大多數公務人員都期盼所從事的工作有意義。只要工作有意義，能夠為公務人員帶來成就感，再辛苦，公務人員都願意宵衣旰食，戮力從公。以筆者自己的經歷為例，1989 年間某星期六下午加班（按，當時沒有週休二日），辦理全國軍公教待遇調整案，在使用 Lotus 123（按，當時還沒有 Excel）試算軍公教年度待遇調整所需經費時，突然覺得左眼眼角有液體流下，下意識擦拭一下，隨眼一瞥，赫然發現，指尖帶血，雖悵然若失，立即關上電腦下班回家，但星期一還是正常回去上班。當時的我，僅僅是薦任第六職等科員，得開風氣之先，把軍公教人員待遇調整由人工作業轉變為資訊化作業，是件有意義的工作，讓我深深自覺高度成就感，因而樂此

不疲。在此之前，據聞，前輩是用算盤、計算機，試算軍公教待遇調整所需經費，因經費高達佰億，難度很高；又以軍公教待遇調整確定須立即公布，待遇支給標準表高達百餘張，用手畫、刻鋼版、油印製表，耗時耗人，又不精準，年復一年，年年重製；由我接手承辦後，我的長官陳榮順視察負責待遇調整簽陳作業，我則將各種公務人員待遇表別的調整與製作，由手工轉為電腦。由是，同仁感謝，長官讚賞，使得我的公務生涯有一個好的開始，一個幸運的開端。由是，公務生涯自覺：「是一位幸運的公務人員，從三重國中人事助理員到人事行政局，到銓敘部擔任常務次長，最重要的是參與許許多多的人事制度與政策的規劃與執行。」筆者得以自許為「幸運的公務人員」，因為較諸許多陷於忙碌迴圈的公務人員幸運許多，做了許多有意義的事。

當然，任何有意義的事，任何影響的制度、政策，都非一人一力可以成其功。Chester I. Barnard（1948）認為，組織就是合作行為的集合體，當二個人或二個人以上互動，當有系統地協調彼此行為時，就形成組織。組織是否能發生效能（績效），存乎組織能否使各懷目標的員工產生協同一致性之行為，達成組織目標和發展個人目標同等重要，因此如何使兩者結合是管理者及人事單位合理的目標。由此可見，組織在求「因人成事，眾志成城」；管理在求個人目標與組織目標的結合，使組織產生績效。而有效的績效管理系統是一個有高度價值的運作機制，足以使得員工個人績效與關鍵組織目標和策略目標一致向前，促使員工、機構和公共部門的持續向上提升，從而能夠使員工在職涯過程增添許多光彩，成就事功。」（Public Sector Commission 2013）總之，有效的績效管理將使組織與個人相得益彰，國家與公務人員相互成全之際，人民獲得最大幸福。

如前提及，有些公務同仁就沒有我的幸運，所以，當有人問公務人員工作忙不忙？重要的事要講三次，會有許多公務人員連忙回答三個字：「忙、盲、茫」，為何？因為，戮力從公當然「很忙」；然而沒有績效目標指引當然「盲目」；盲目工作許久後，工作沒有意義，沒有成就感，當然覺得「茫

然」。政府要推動績效管理，除了落實民主課責外，更是一個舒緩公務人員「忙、盲、茫」負面情緒，形塑政府友善職場的必要人力資源管理措施。

　　筆者從事公職多年，有這樣的體會：有些機關首長「要績效，不管理；要管理，沒方法」。如果公部門現代化未能與績效衡量結合，那麼其組織變革及轉型均無法持續或真正有所變革，且轉瞬間必消失無蹤。因為績效衡量能夠追蹤外部顧客（民眾）滿意及績效成果，以及達成前述績效的過程，進而使政府部門形塑出高績效的組織文化，這是一種促進有效績效並激勵培育人才的系統。如果公部門中公務人員的績效期望是清晰的，同時能使整個機關均關注績效提升和扼止績效不佳……，就能經由相互課責，有效實現有效績效（APSC, 2019）。質言之，每個組織都必須擁有一套績效衡量制度，因為「你衡量什麼，就得到什麼」。

壹　為什麼政府需要績效管理？

　　為何政府的公共服務需做績效管理呢？Bird et al.（2003）認為必須衡量公共服務績效的三個主要原因：

一、看看哪些施政措施有效：公民想要高質量的公共服務，而政府也希望能提供高效的公共服務。因此，透過績效衡量，可了解哪些施政措施最有效，這就是績效衡量意義所在。

二、識別高績效者的能力：找出高績效者，並了解他們為什麼做得這麼好，以鼓舞最佳實踐。

三、落實公共課責體制：政府預算來自人民所繳納的稅收，因此，為落實民主課責，公眾應該知道這些公共服務的績效，自然在情理之中。

　　但績效不彰，似乎也是民主國家的常態，何故？政府非不為也，難道是不能也嗎？「該做，想做，卻做不好！」「該做，想做」與「做不好」之間的鴻溝，管理學大師 Drucker 給了個說法：「管理重在實務與實踐，其本質不在於『知』而在於『行』，其驗證不在於邏輯，而在於成果，唯一的權

威就是績效。」（Management is practice. Its essence is not knowing but doing. Its test is not logic but results. Its only authority is performance.）此外，也有學者專家指出：「績效管理是領導者覺得必須做的，但不一定想做的事；績效管理是件領導者都知道必須做，但卻不一定做得到的事。」筆者也曾看到一個令人莞爾的新聞報導，標題為：「我們都支持改革『其他部門』。」也難怪人民談到政府服務時，績效不彰「才下眉頭，又上心頭！」於是力求「績效管理」如同空氣般，在政府無所不在；空氣新鮮，身體健康，缺空氣，人無法活下去；政府績效管理佳，國泰民安，政府績效管理不好，無法提供好的公共服務，國不泰，民不安。政府還有存在的理由嗎？

在民主課責的氛圍下，民眾對政府施政績效滿意度永遠處於「欲求不足」的狀態，民眾總是吶喊著「結果呢？結果？給我結果，其他免談！」另一方面，作為 Drucker 所謂能自我管理的政府績效管理者而言，如何持續改善、提升施政績效，以達到「在止於至善」。要言之，「政府績效管理之道，在規劃，在執行，在考核，在回饋，在止於至善」。政府落實績效的義務，就如莊子所言，無可遁逃於天地之間。

政府績效管理的要義何在？可有在地化的案例？筆者除了身為政府績效管理實務工作者，也在人總處所屬人力學院、文官學院、經濟部專研中心擔任政府部門績效管理相關課程的講座。課堂上，當筆者請教學員何謂績效管理？大多數學員都啞口無言；或者是學員會問：「老師，您能不能言簡意賅的說明，績效管理是在談什麼？」我會說：「績效管理就是談『知』和『行』相互連結。」意外的熟悉吧！不錯，就是王陽明的「知行合一」或者是孫文學說關於的「知難行易」、「知易行難」之辯。讀者明白了嗎？政府績效管理的問題，不就是我們常聽到如何捨棄「說」一套，而真正能夠「做」得到嗎？

其實「知行合一」一詞就是現代績效管理真義所在。看到耳熟能詳的《三國演義》第四十三回，諸葛亮「舌戰群儒」，譏諷吳國第一文臣張昭時，說道：「……，坐議立談，無人可及；臨機應變，百無一能。誠為天下

笑耳！」令人心有戚戚焉，令人期待我們政府施政績效，能做到「知行合一」後，使公共服務得以落實，提升人民福祉。

績效管理的「理論」（知）與「實務」（行）有沒有辦法結合？一直都是理論界與實務界相互調侃的話語，多數人都力求「理論」與「實務」能夠結合，然而這種期盼百不得一。終於，有個場域碰到了──「我們機關終於理論與實務結合。何以見得？所謂理論就是『知道為什麼？但不知道怎麼做！』所謂實務就是『不知道為什麼，但知道怎麼做！』而我們機關終於做到理論與實務的結合，那就是『不知道為什麼，也不知道怎麼做了。』」輕鬆一下。

政府為什麼難以落實施績效管理呢？理由很直觀，就在於「知」、「行」難以一致。政府施政績效能做到「策略」與「執行」合一；換成績效管理領域，用比較學術的說法，就策略績效管理學派的論點。Ohumus & Roper（1998）所言：「……偉大的策略，汗顏的執行。」（... great strategy, shame about the implementation.）這些是「策略與執行分離」、「規劃與執行脫勾」的問題，寓意著傳統績效管理的困境，並宣示績效管理學術界與實務界一個新興的研究課題，那就是策略性績效管理（Strategic Performance Management）。綜合言之，策略績效管理要旨在於三句話，以「慎為始」規劃策略，「善始善終」執行策略，「始終如一」考核策略。

貳　為什麼政府推動績效管理很重要？

如果政府存在之目的是在創造人民最大的幸福；如果政府的目標要靠公務人員去實現；如果政府目標的設定、執行是個「因人成事」的持續過程，就要把「創造人民最大的幸福」當成績效目標來管理。因此，政府推動績效管理至關重要。課責導向的施政是一個不斷達成國家目標的過程，不論目標是大是小，不論是尋常百姓日常生活，或是處於國家轉捩點，作為一位公務人員，每當我們實現一個目標，我們就離創造人民最大幸福的國家目標愈

近，愈有成就感，這就是為什麼政府推動績效管理很重要的原因之一。

　　舉一個公務同仁智慧的結晶，國立教育資料館梅秘書瑤芳曾在一個績效獎金實施經驗分享的場合，提出一個行政機關在目標設定時的類型，筆者稍加修改，如圖 1-1。讀者您可以試著印證貴機關目標設定的類型，貴機關如屬型態 A，那麼不要意外，因為許多行政機關屬於這種類型，但確定的是貴機關的績效應該屬於績效不彰者。

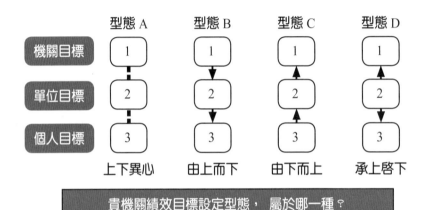

圖 1-1　績效目標設定型態

資料來源：修改自國立教育資料館秘書梅瑤芳簡報。

　　績效管理理論與工具不斷推陳出新，論述各有擅場。不過究其要義，大致聚焦於績效目標的設定、績效目標的執行，以及績效目標的衡量等三個關鍵流程。所以，我要說績效管理理論或工具的時間軸演進，就是闡述目標規劃、執行及考核等三個關鍵活動的演進史。

　　首先，目標設定到底重不重要？英國童話《愛麗斯夢遊仙境》有一段情節常被引用，作為說明「有目標」是非常重要的，否則走哪一條路？怎麼走都無關緊要了。話說，愛麗絲來到分岔路，「我該走哪一條路？」她問道。「你想要去哪裡？」柴郡貓回答說。「我不知道。」愛麗絲回應。「那麼，無論選哪條路都不打緊啊。」柴郡貓這樣回答。（Alice came to a fork in the road. "Which road do I take?" she asked. "Where do you want to go?" responded the Cheshire Cat. "I don't know," Alice answered. "Then," said the Cat, "it doesn't matter.）從上述的童話，讀者有沒有體會到「有目標」是非常重要的。沒有決定哪一條路（目標）？怎麼走（怎麼做）都無關緊要了。

　　再看一個從這個我們從小聽到大，耳熟能詳的寓言故事——「南轅北轍」，這個前人的智慧語，將目標的重要性，描述得更淋漓盡致。話說（引自《戰國策魏策四》）：

　　　　魏王欲攻邯鄲，季梁諫曰：今者臣來，見人於大行，方北面而持其駕，告臣曰：「我欲之楚。」臣曰：「君之楚，將奚為北面？」曰：「吾馬良。」曰：「馬雖良，此非楚之路也。」曰：「吾用多。」臣曰：「用雖多，此非楚之路也。」曰：「吾御者善。」此數者，愈善而離楚愈遠耳。今王動欲成霸王，舉欲信於天下。恃王國之大，兵之精銳，而攻邯鄲，以廣地尊名，王之動愈數，而離王愈遠耳。猶至楚而北行也。

　　白話文是：魏王想攻打趙國，季梁勸他說：「我在大路上遇到一個趕著車向北走的人，告訴我說：「我要去楚國。」我就問他：「你要去楚國，為什麼要向北呢？」他說：「我的馬跑得快。」我說：「您的馬雖然跑得快，但這不是去楚國的路啊！」他又說：「我的盤纏很充足。」我說：「你的盤纏雖然多，但這不是去楚國的路啊！」他又說：「給我駕車的人本領很高。」他不知道方向錯了，趕路的條件愈好，離楚國的距離就會愈遠。

　　看完這個寓言故事，讀者是不是可以同意？尤其是一個國家或政府機關，如果目標錯誤，政策方向錯誤，那麼縱使有很優秀的公務人員；縱使擁有很先進的技術或專業能力；縱使有足夠的資源，也會徒有苦勞而無功勞，毫無績效。而且這句話最發人省思：「此數者，愈善而離楚愈遠耳。」用績效管理的用語說，「若是政策目標不對，若執行愈有效率，將會離目標愈遠。」

雖然 Drucker 說：「做正確的事（do the right things），比把事情做正確（do the things right）更重要。」但績效管理實務上的真意，就是結合正確的事，並把事情做正確；績效管理的真意就是策略與策略的結合。要言之，績效管理的重要性就在此；尤其是，政府施政績效若能做到「策略」與「執行」合一，才能做到所謂的善治（good goverence）。

第二節　為什麼政府推動績效管理如此困難

棒球競賽中，投手與打擊手的對決，一直都是比賽的看點。尤其是，王牌投手對強打者的對決，有一句話，聽起來就讓人暢快淋漓——「直球對決」。我們也來比擬直球對決，我們捫心自問：「暢行於民間的績效管理制度，在政府部門可行嗎？」這個答案，雖沒有科學化研究證據，但在公務生涯的體驗，確有一種現象，機關或首長「要績效，不管理！要管理，沒方法！」

我們願意用「問題解決」角度來定義問題，那麼，在民主課責的前提下，政府沒有理由不實施績效管理。每一位機關首長要有很清楚的認知，就是因為政府部門實施績效管理制度較民間困難，因此，政府部門更要努力去解決問題。筆者推動政府績效管理制度的經驗，在政府部門推動績效管理制度三個困境：一、政府與企業之業務性質不同，可以有效實施績效管理嗎？二、內部單位業務性質不同，可以做績效衡量嗎？三、能夠建立一套客觀而具有公信力的績效衡量制度嗎？而解開這三個困境的關鍵在於「績效指標的認知」上，在政府系絡環境，而這個認知又可解構為三個問題：一、績效指標是什麼？二、績效指標都「可以」量化嗎？三、績效指標都「要」量化嗎？

壹　政府與企業之業務性質不同，可以有效實施績效管理嗎？

　　在筆者參與推動政府績效管理的活動中，常常聽到「企業可以做的，政府不見得可以做！」的說法，這是自知之明嗎？或者是推託之詞呢？民間企業爲追求最大的利潤，因此熱衷於運用各種績效管理制度及工具；或因勇於嘗試，或因試誤學習，或因持續精進，致取得相當成效；在思維上，見賢思齊，政府部門自當標竿學習；但實務上，政府部門卻充斥著「公私有別」的慣性思維，每以「政府部門所追求績效有本質上的侷限」而劃地自限；每謂企業以追求經濟效益爲宗旨，故其經濟績效多可量化；然而，政府部門的績效多屬非經濟效益的無形事物，且難以量化。因此，民間企業可以做的，政府部門不見得可以做！尤其是，民間企業運作無虞的各種績效管理制度及工具，引進於政府部門，就成爲「橘逾淮則枳」的印證。這種屬於組織文化、心理層面的認知，往往成爲一些機關首長「要績效，不管理」的託詞，甚至一些來自大學研究機構的學者專家也作如是說，這種論述常被公務界排斥績效管理的說詞。這種心理層面的蟊賊不除，政府部門就無法有效實施績效管理，更談不上施政績效的提升。

　　公共服務無法做績效衡量嗎？因而政府部門無法進一步做績效管理嗎？管理學大師 Drucker 在《使命與領導》（中譯名）一書中，認爲政府與非營利組織「更應做好績效管理」。如果一連這位管理大師也「如是說」，那更期盼透過本書，讓來自實務界的機關首長及來自學術、研究領域的學者專家，接受「政府部門比民間企業更要績效管理，而且政府部門可以各種合適的績效管理制度及工具，可以提高公共服務的績效水準。」（余佩珊譯，2004）

　　筆者多少年來爲了增加「政府部門也可以實施績效管理」的說服力，閱讀許多績效管理的書籍，更認眞的審閱了 Drucker 的書籍，綜整了他在 1973年《管理》（Management）一書修訂版中的論述（王永貴譯，2009），並做適度改寫，供大家參考：

我們處在一個多機構社會，而不是企業社會，並且公共服務機構也是社會機構，也同樣需要管理。最為人們熟知的服務機構包括政府機構，每一個國家的公民都在大聲抱怨政府中的官僚作風日益猖獗。人們的意思是，政府機構運作的目的扭曲為給政府雇員提供服務，而不是績效和貢獻。總而言之，政府機構管理不善。最強烈地批判政府機構和公共服務機構中官僚作風的人往往是企業高管，但是企業內部的服務部門是否比公共服務機構的績效水準高，官僚作風輕微呢？這是無論如何都不能確定的。

有關服務機構遭遇的績效危機，還有另一種截然不同的反應。愈來愈多評論人士得出結論認為，服務機構本質上是不可管理的，無法表現出卓越的績效。服務機構績效不佳的原因圍繞服務機構普遍存在的績效不佳問題，通常存在以下三種解釋：一、服務機構沒有開展企業化管理；二、服務機構缺乏優秀人才；三、服務機構的目標和成果難以衡量。實際上，所有這三條都是托詞，而不是解釋。無論企業還是服務機構，只有具體的界定清晰的目標才能夠實現。而服務機構的抽象目標同樣可以轉變為具體的可衡量目標。（余佩珊譯，2004）

貳 政府部門可以建立一套客觀而具有公信力的績效評比制度嗎？

老子曰：「夫唯病病，是以不病。聖人不病，以其病病，是以不病。」白話的意思是：「唯有正視自己的缺失並加以改進，才能免除缺失。聖人之所以沒有缺失，就是因為他正視自己的缺失並加以改進，才能做到沒有缺失。」正是「公共服務不容易量化，因而無法衡量，無法做績效管理」是政府績效衡量的病灶，更需要本書提供具有療效的《千金要方》，如果能夠正視政府績效管理的困境，才能改善政府績效管理的缺失。

本書要傳遞一個組織健康的重要概念：「公共服務績效與民間企業愈來

愈重視的所謂無形事物（intangibles）（資產），如幸福公司、社會責任、公司形象等」，並非無法衡量。筆者認為正確的態度是，「公共服務難以量化，卻非無法衡量。」接著針對存在我們生活周邊就充斥著「針對質化資料，予以轉化成可測量的項目，遂行評比之情事」之病，提供具有療效的本土的「清冠一號」──「行政機團體績效評量操作手冊」，內載績效管理實際操作方法及本土案例，讀者將在本書一一見證。

「公共服務側重品質的特質，難以量化嗎？」這種觀念縈繞在公部門績效管理的學界與實務界日久成為沉痾。這種集體思維會不會只是一種在公部門績效管理學界與實務界未經深究，而形成的一種集體盲思而已；就如同在柏拉圖著名的寓言中所言，我們絕大多數人就像穴居人一樣，凝視著洞穴壁上晃動的影子，卻對它們永恆而完美的來源無知無覺。可能出於對自己所處時代科學家們的嘲諷，柏拉圖稱，也許有的穴居人「非常敏銳，在經過時發現了穴壁上的影子，還記下了哪些影子先出現，哪些後出現，哪些同時出現」，但若我們因此而崇拜他們就太荒謬了（石雨晴譯，2019）。筆者從事政府績效管理實務工作這麼多年的歲月，對老子前面所謂「夫唯病病，是以不病。聖人不病，以其病病，是以不病。」的正能量深有同感；對柏拉圖的嘲諷，亦覺得該是走出穴居人陰影的時候了。

「處處留心皆學問；有意留心皆標竿。」我們生活周邊充滿著對質化事物衡量的情事，舉其犖犖大端者，如國際上一些屬於質性、主觀判斷比賽者，如選美、跳水、體操……等，人們對其成績評量結果，多認具客觀而公信力；對其頒發的獎項，多予以祝賀而少有爭議，何故？因為辦理這些眾所矚目競賽的國際組織，經過他們的持續精進，多已運作出一套兼具信度與效度的競賽（績效）評比機制，使與賽者能夠在「共同公平」的基準上，評測出具有「個別差異」的成績，這與人事制度講究在公平基礎上競爭的功績原則，具有異曲同工之妙。

「他山之石，可以攻玉。」上述在國際競賽場合，行之已久的競賽成績衡量機制，運用到政府績效管理的團體績效評量實務上，則同樣地針對各

機關間以及機關內部單位間的評比，要使之成為客觀而具有公信力，必須具有三個要件：一、有一套完整的比賽規則（遊戲規則）；二、一套嚴謹的評分機制；及三、公正的評核委員會。透過這種質化評量的配套機制，使得公共服務質化特質衡量，獲得客觀而具有公信力，使得各機關及機關內各單位間的業務，得以在公平的基礎上，衡量出績效的高低，使得民主課責得以落實。

政府內部單位業務性質不同，可以做績效衡量

一、有心留意皆標竿

　　心理學的「動機影響知覺」作用，常出現在我們生活周邊。一旦我們注意一個事物，你就會發現你的周邊充滿著這種事物，俯拾皆是。舉例來說，你剛剛買了一部新車，你會發現馬路上和你新車的款式、廠牌相同的車子突然多了起來。2020 年東京奧運結束，我們得獎牌數，創歷史新高，國人同感榮焉。筆者受「動機影響知覺」影響，除了觀賞競賽之美外，滿眼滿心，所觀察到的是東京奧運就是全世界體育好手比賽盛事背後，體育好手訓練績效評比。在競賽項目中有些賽事如田徑，易於量化，其競賽結果自然客觀而具有公信力，該入圍決賽的入圍決賽，入圍決賽的選手，該金牌的得金牌，該銀牌的得銀牌，並無二話；但有些項目如體操、跳水等含有美學、藝術等質化的競賽，「為何該得金牌的金牌，該得銀牌的銀牌，也能接受呢？」我國選手表現突出的鞍馬項目亦屬之，筆者特別以《美麗佳人》雜誌報導為例：

　　標題為：「鞍馬王子李智凱奪下東奧體操鞍馬銀牌！台灣體操在奧運史上的第一面獎牌。」內容略為：經歷了 2016 年里約奧運落馬事件後，李智凱反而更加成長，在 2021 東京奧運捲土重來，在 7/24 首戰就傳出佳績，以高難度的「湯瑪士迴旋」完成鞍馬動作，在鞍馬項目獲得 15.266 分成為全場最高分，以第一名之姿成功晉級鞍馬決賽，最終在鞍馬體操金牌戰中，在難度分數上

獲得 6.700、執行分數獲得 8.700，最終拿下 15.400 分，與獲得金牌的英國選手總分 15.583 分只有些微差距，在難度分上輸給了英國選手，雖然沒有獲得金牌，但已經替台灣體操在奧運史上獲得第一面獎牌，真的非常棒了，台灣以你為榮！

報導中與評分有關的是：最終在鞍馬體操金牌戰中，在難度分數上獲得 6.700、執行分數獲得 8.700，最終拿下 15.400 分，與獲得金牌的英國選手總分 15.583 分只有些微差距，在難度分上輸給了英國選手，屈居銀牌。差距如此些微，為何不生爭議呢？因為對鞍馬這種高度質化的國際賽，有一套具有客觀而具有公信力的競賽規則。筆者運用人脈網絡，特別透過任職於體育署的朋友，找到體育專家提供國際體操聯合會（International Gymnastics Federation）公布的《2022-2024 評分規則》，費神彙整理出參考指引，可作為衡量政府績效衡量的參考：

（一）有一套完整的比賽規則（遊戲規則）

該規則第一章第 1 條第 1 款，規定男子競技體操目的為地區性、全國性和國際性等所有級別的體操比賽提供客觀的評分方法；第 2 款規定，為地區性、全國性和國際性等所有級別的體操比賽提供客觀的評分方法；第 3 款規定，在任何比賽中確保能區分出最優秀的體操運動員。第 5 款規定，提供比賽中裁判員、教練員和運動員經常需要的其他技術資訊來源和規則。

（二）要有一套嚴謹的評分機制

所有國際體聯的比賽，世界錦標賽和奧運會，單項裁判組由「D」裁判組和「E」裁判組構成。在所有的項目上，成套動作分成兩個單獨的分數「D」分和「E」分來計算。D 裁判組確定「D」分；E 裁判組確定「E」分。

1. 困難度（Difficulty）：「D」裁判組負責用符號記錄成套動作的內容，毫無偏見的獨立評分，然後共同的決定「D」分的內容。根據動作難度表確定動作價值（難度價值）。根據所完成的 10 個被計算的動作，計算動作

組別價值。在所有比賽中，自由體操、鞍馬、吊環、雙槓和單槓的動作難度價值計算，難度表予標準化、量化，以求客觀評比。

2. 執行度（Execution）：「E」裁判組負責為成套動作的藝術性、完成情況和技術表現等各方面進行評分，並且還要評定是否符合該項目動作構成的規定（成套結構要求）。必須注意力高度集中觀看成套動作，獨立評定並確定錯誤動作的正確扣分，不能與其他裁判員商議。必須記錄以下扣分項目：一般錯誤、技術編排錯誤、姿勢錯誤。「E」分從 10 分開始，以 0.1分為單位進行扣分。去掉對完成、藝術、技術和編排錯誤做出的以 0.1 分為單位的最高總扣分和最低總扣分，從 10 分減去剩餘裁判扣分的平均分即為最後的「E」分。

（三）公正的評量委員會

在國際體聯官方比賽中，「D」分（D 裁判組）和「E」分（E 裁判組的每名裁判員從 10 分開始扣起的一套動作完成情況扣分的平均分）都會顯示出來。E 裁判組中的每一名裁判的分數都將記錄在成績表上。在所有其他比賽中，「D」分、「E」分和成套動作的最後得分必須公開顯示。

透過前面的舉例，相信身處公部門的讀者可以被說服，政府公共服務多偏品質的特性，與國際競賽中的體操項目相近。體操、鞍馬、跳水等偏主觀性、藝術性的競賽項目，透過上述評量機制的建構，可以做到客觀而具有公信力的評比；相信政府部門只要依樣畫葫蘆，或者透過所謂類推適用，建立一套客觀而具有公信力的評比機制，對政府事務中偏質化的公共服務，從事績效衡量，策勵施政績效的提升，相信也是做得到的。

二、「異中求同」是單位間績效評比的基本邏輯

「性質上，績效評比是『同中求異』；方法上，透過『異中求同』。」亦即，不同事物間是可以做比較的，可以透過先行歸納其共同具備的特性後，予以比較後，予以差別之。就績效評量的組織層面來分析：

（一）就組織層面而言，組織可分為：1. 策略階層；2. 管理階層；及 3. 實作

階層等三個階層。

(二)就管理層面而言，管理活動可分為：1.策略階層負責策略之規劃；2.管理階層負責策略的轉化；及 3.操作階層負責策略之執行。

(三)就目標設定而言，政府目標金字塔係由：1.機關目標；2.單位目標；及 3.員工目標等三個目標構成。

(四)就政府績效管理體系而言，一個完整的績效管理體系應包含：1.機關績效；2.單位績效；及 3.員工績效等三個績效層次。

　　組織垂直分化的概念套用在各級政府層級關係，每一層級政府的內部垂直分工均可用以具體化，就部會層級的中央機關而言，例如，以交通部的組織層級為例：（一）交通部部本部就是策略階層；（二）下轄內部單位（含科室）為管理階層，包括：秘書室、技監室、參事室、總務司、人事處、政風處、會計處、統計處、法規會、訴願審議委員會、道路交通安全督導委員會、交通動員委員會、路政司、郵電司、航政司、交通事業管理小組；（三）由各內部單位的公務員工負責日常業務辦理的實作階層。

　　就績效管理實務而言，交通部部本部為策略階層，職司交通部施政計畫的策略規劃與決策，肩負交通部的機關整體績效；各個內部單位為管理階層，職司施政計畫策略的轉化為執行、將策略化為行動任務，由於居於承上啟下的樞紐地位，從邏輯上，各個內部單位績效當屬重中之重。然而，在績效管理制度上應已完備了嗎？事實不然。筆者任職公職三十餘年發現，就我國現行績效管理權責體系而言：（一）研考機關負責機關整體層次施政績效制度之建構與管考；（二）考試院負責員工個人層次考績制度之建構與執行；（三）至於負責單位層次績效管理制度則尚未有法制化之建構，付之闕如。

　　內部單位績效的重要性，已如前述，政府部門推動績效管理的第三個心理障礙也在此，那就是在績效管理的理論界及實務界，常聽到「業務單位性質不同，如何做績效評比？」換個比喻的說法，就是「蘋果與橘子不同，可以比嗎？」這麼直白的說法，很具有洗腦式效果，所謂「三人成虎」、「積

非成是」就成為政府無法或不必實施績效衡量的慣性思考，成為政府部門中不思提升績效的護身符（按，這是筆者的價值判斷或偏執），但「設使內部單位業務性質不同，如同蘋果與橘子不同，難道就不能做評比嗎？」我認為這是一種迷思。各位讀者回想一下，在閱讀前面據國際體操聯合會公布的《2022-2024 評分規則》時，為了客觀而具有公信力評比與賽國際體操好手所建立的競賽評比機制，就是一個「事實勝於雄辯」，足以成為打破蘋果與橘子不同，不能衡量迷思的案例。因為來自不同國家的選手，就好比是不同水果中的比較，這個比喻或許有些突兀，但卻很生活化，很容易了解。

如前標竿案例所示，因不同的體操選手，所表現出來的體操成績如何？我們不是評比「個別的體操選手」，而是評比每一位體操選手表現出來「體操的『難度』及『執行度』」，亦即我們在評比不同單位績效時，不是在評比「業務內容」，而是透過「轉化」的概念，評比業務共同的項目，如「難度」、「執行度」。這一段文字非常重要，請讀者仔細咀嚼，細心體會。筆者過去有推動績效獎金暨績效管理的經驗，跑過 352 個機關，尤其受惠於分布中央、地方公務人員的不吝指教，獲得許多寶貴經驗，因此，我們很明確的指出，各機關內部單位性質不同，是可以做評比的，因為我們評比的是「不同單位業務間共同的評比項目：『困難度』、『執行度』及『達成度』」，這句話請讀者仔細看幾遍。

單位間績效如何評比的課題，在實務上包含二個層面的論述：（一）單位間業務不同，可否做績效評比；（二）假設單位間績效可以評比，接著要處理的是「單位間可否做公平的評比」。首先，單位業務性質不同，其績效是否可以評比。學術界與實務界有二種不同的論述，有一派主張單位間業務性質不同，不能做績效評比，稱之為「橘子與蘋果不能比」；另一派則認為橘子與蘋果的外表形狀不同，但是，二者具有一些共同的性質如外觀、重量、糖度、酸量等，當然，共同性質是要經過客觀而具有公信力的程序篩選後，經利害關係人公證後，評比結果才具有信度、效度。

同樣地，機關內部單位所辦理業務性質均有所不同，差異性甚大。其

中尤以行政單位與業務單位業務差距最大，往往引發可否比較的爭議。一般而言，行政單位業務特性為「困難度低，易於達成」；業務單位業務特性為「困難度高，難以達成」。這二個單位業務的共同性質或要素可歸納為：「挑戰度」及「目標執行度及目標達成度」二項特性，當我們將單位績效目標訂為包含「挑戰度」及「目標執行度及目標達成度」，賦予量度，將之數據化，將之量化，則可增加單位間績效衡量的客觀性及可行性，使其評比結果更具信度及效度。

　　其次，假設內部單位間績效可以評比，接著要處理的是內部單位間可否做公平的評比。內部單位間績效可以公平地衡量，是建立在「挑戰度」及「目標執行度及目標達成度」間具有動態平衡的特性上。因為存在這樣的「動態平衡」，使得單位間在立足點上獲得公平比較基礎，使得單位間業務縱使不同，公平地績效評比成為可能，何以見得？通常，「困難度較高的業務，往往伴隨著業務的目標執行度及目標達成度較低；而困難度較低的業務，伴隨著業務的目標執行度及目標達成度可能性較高。」行政單位可以在「目標達成度、目標執行度」爭取較高的配分；同理，業務單位雖然可以在「目標挑戰度」爭取高配分，但是難度高的績效目標，往往難以達成，故「目標達成度、目標執行度」方面的得分往往較低，例如，筆者在 2003 年間率團到北部某縣政府訪視該府推動績效獎金暨績效管理制度的成效，有一個鮮活的案例，主計單位「以依限完成概算編列」為其年度績效目標之一，其目標困難度較低，但是「目標達成度、目標執行度」方面應可獲得高分；反之，某教育局若以籌設「大學」為年度績效目標之一，雖可以在目標困難度獲得高分，但是，也因為難度超高，在「目標達成度、目標執行度」方面的得分會較困難，一來一去，單位之間業務性不同，也就可以公平的比較了。

第三節　突破政府推動績效管理困境的重要觀念

筆者 2002 年起到全國各級政府推動「行政機關績效獎金暨績效管理制度」時，從中央各部會到做基層的鄉公所，從北到南，南到「國境之南」——恆春鎮公所；從本島到離島，金門、馬祖、澎湖，足跡遍至 352 個機關，雖說輔導績效獎金制度的實施，但其實從全國各地公務機關及公務人員學習到許多寶貴的實際案例，也成為本書的特色之一。

本書所採取的本土案例，因為真正經歷過，才真實；因為經歷過，才可貴，正所謂「教學相長」，使得筆者作為公務人員能夠不斷地自我成長；筆者把這些活生生的績效管理本土案例，加以精鍊，佐以理論，再透過演講、教學，分享突破政府實施績效管理困境的重要觀念給學術界及實務界的公務人員，得到共鳴，同時，這也是筆者作為公務人員的成就感源源不絕的泉源。

壹 選擇「最適合」的績效管理制度

部分理論與實務界的學者專家深怕落伍，熱衷於追求新的理論，一味追新求變，於是「最新就是最好」成為時尚思維。多年來，筆者在實務界體會，卻認為制度建構的思維是——「沒有最好的制度，只有最合適的制度。」原本這樣的思維也不敢大聲主張，深怕連累實務界，被叩以「保守落伍」的帽子，然而，在閱讀王喆、韓陽譯（2017）《策略選擇：掌握解決問題的過程，面斷複雜多變的挑戰》（中譯名）一書得到印證，該書提到：

> 我們應當採取哪些方法制訂策略呢？何種策略在何種情況下最為有效？這便是本書要回答的核心問題。此外，我們也會向讀者展示，選擇合適的策略所創造的價值是多麼顯著。該書又指出，我們缺少的不是制訂策略的有利方法，我們缺乏的是在不同

環境下選出最適策略的指導思想。該書提出五大策略原型，分別
是「經典型策略」、「適應型策略」、「願景型策略」、「塑造
型策略」及「重塑型策略」。其中經典型策略中，企業的市場地
位優勢可以長時間維持，環境可以預測，市場發展循序漸進，不
會有劇烈的顛覆性變化。所採取的思維模式是：分析（analyze）、
規劃（plan）及執行（execute）。經典型策略的特色，就是策略規
劃（strategic planning）。如果策略無法有效執行，不能說這個策
略是成功的。我們會看到在策略制訂和執行之間連結緊密，而這
種連結取決於制訂策略的方法。如何正確選擇策略並執行之。

貳 以官僚體制爲基底的政府績效管理

　　英國學者 Stefan Sern & Cary Cooper 所著《管理的陷阱》（中譯名）
（Myths of Management）一書提出，目前管理理論與實務界有 37 個管理陷
阱，其中第七個陷阱爲「層級節制體制已經消失」，然而，他認爲「實際上
層級節制體制無所不在，管理者如果一味打破組織的層級節制體制，同時也
會打破良性的職業發展通道。因此他們必須考慮清楚自己想要的是什麼？每
一個發展良好的企業都存在著層級節制體制結構，這樣每一個身處其中的員
工都能發展自己的潛能。」（吳曉紅、吳旋譯，2019）

　　我國各級政府機關仍然是典型的韋伯型式官僚體制，無庸置疑。何故？
從人事制度方面言，公務人員任用法建立了以職位分類爲基礎的「官等職等
併立制度」，職務等級結構爲委任第一職等至簡任第十四職等。這一套制度
是自美國聯邦政府公務人員的「一般俸表」制度。而美國這一套職位分類人
事制度，正是結合 Taylor 科學管理原則在人事制度的應用，以及韋伯官僚體
制的傳統理論時期的結晶。公務員服務法於 1939 年頒布施行，依該法第 2
條規定：「長官就其監督範圍以內所發命令，屬官有服從之義務。」這句話
就是科學管理時期費堯的指揮統一原則。要言之，我們要建立的績效管理制

度，既然求其「合適」性，就必須務實的認知，我國行政機關仍習慣於穩定的組織環境，政務推動運作仍然依循著傳統理論時期的層級節制體制的組織結構，以機械的、穩定的方式運作。這一點認知很重要。

Gary Hamel & Michele Zanin（2020）批判官僚主義的弊病，官僚主義就像色情作品：我們很難找到誰在為它辯護，實際上卻大有人在。你一定以為官僚主義早已落荒而逃了，事實並非如此。1983 年以來，美國員工中的管理人員和行政人員的數量增加了一倍多，而其他職業的就業率僅增加了44%，這確實很出人意料。但也提到官僚體制的組織結構還是有諸多優點，如可控性、一致性及協同性（control, consistency, and coordination）。而這種組織結構特性與策略管理的規劃學派的結合，正可以為我國研考機關所拳拳服膺的施政計畫，提供堅實的理論後盾，讓以官僚體制為基底政府的決策層級制定策略（行政院國家發展委員會研訂國家經濟、社會發展計畫），中層管理層級執行策略，每個部會的每個上位層級都在嚴格執行控管程序及書面報告體系。

因此，筆者體認我國政府組織仍維持高度層級結構體制的特質，透過規劃、執行及考核的控制手段，選擇合適的績效管理工具，建立客觀而具有公信力的評比機制，構成我們行政機關績效管理制度的特色。就實務而言，體認官僚體制為基底的政府績效管理特色，在韋伯式體制下，選擇 MBO、KPI、PDCA、BSC 等績效管理工具，乃至於新興的 OKR，作為建構合適績效管理制度的選項，是很重要的認知。

參　政府績效評比要能做到客觀而具有公信力

績效評比是在「不同事務間，尋求差異比較」的邏輯下，公平地分出等第，這就是所謂要建立客觀而具有公信力的評比機制。而具有公信力的績效評比機制為何？綜合言之，包括二個次級概念：一、評比必須建立在客觀而具有公信力的基準上；二、儘量的量化是客觀而具有公信力的前提。

一、評比必須建立在客觀而具有公信力的基準上

朱光潛在《談美》一書談到：「美，並不是天上掉下來的；它一半在物，一半在你，在你手裡。」我的體會是，即使是「美」這麼抽象的概念，因一半是在物，有具有客觀性，具可衡量性；一半在人，就是它的主觀性，衡量較為困難。客觀性可直接衡量之，而主觀性也可經過轉化，加以衡量。要知，這就是國際上各項選美活動的理論基礎，選美就是對何謂「美」這麼高度主觀的概念，評比之後，授之以等第後，冠之「世界小姐」或「環球小姐」美譽的競賽活動。然而，如何讓人們能夠接受選美的結果，關鍵在於其衡量是否為「客觀而具有公信力」。

績效指標是績效衡量的基礎，若要客觀而具有公信力，就一定要建立衡量的基準，但衡量基準的運用絕不能固定，甚至僵化。為讓讀者在探討績效指標時，不會陷入迷霧之中，嘗試為讀者標記一個如同指南針般的指引，筆者是參考曾仕強先生所歸納的易經三個特性：第一，不易；第二，變易；第三，簡易。當我們從事政府績效管理時，面對績效指標訂定時，第一個「不易」的原則是：一定要訂定衡量績效指標的基準，不論是量化指標或質化指標；第二個「變易」的原則是：選擇衡量績效指標的基準時，要視「實務」需要，該量化即量化，該質化即質化，不可執著，力求適宜性。第三個「簡易」的原則是：在「重要性與相關性」的前提下選擇績效指標，其所遵循「簡易」原則為：（一）儘可能選擇量化指標；（二）儘可能將質化業務轉化成可評量的量化指標。建議讀者在閱讀本書或研讀其他作者的績效管理文獻時，切記此指南針，方可避免陷入迷霧

二、儘量的量化是客觀而具有公信力的前提

大千世界，芸芸眾生，千變萬化，看似雜亂無章，實則井然有序。無論是自然現象，還是政治現象、社會現象、經濟現象，都是遵循著一定的規律在運行。就好像「上帝」按照他的意圖，用一隻看不見的手在操縱著一切。誰能了解「上帝」的意圖，誰就能把握先機，擁有主動，駕馭一切，勝人

一籌。護理學的創始人、著名統計學家南丁格爾說：「若想了解上帝在想什麼，我們就必須學統計，因為統計學就是在量測祂的旨意。」（中國統計學會，2011）

而怎樣才算是客觀而具有公信力呢？最直接的就是能夠將績效衡量數字化或量化。近年來，談績效管理的學者專家尤其執著於「量化」的績效指標，為何？荷蘭計量經濟學家 Sanne Blauw，回答了這個問題，他說，數字是能成功地越過直覺、認知偏差和利益關聯這三重障礙的。因為當文字被迅速地染上主觀色彩的時候，數字則一直中立地反映著事實的真相。簡言之，數字本就是客觀的。那麼，數字會在社會中慢慢地占據主導地位，也就不足為奇了（馮皓珺譯，2021）。

幾乎大多數著作都會探討要如何制定客觀而具有公信力的績效衡量制度？而所謂客觀而具有公信力，事實上就是在探討績效目標或績效指標之量化的相關議題。Lord Kelvin 爵士所言更直白，他說：「對於你所談論的東西，你若是能加以量度，並以數字將之表達出來，那麼你對於那樣東西可說是有了某種程度的了解；反之，你若是無法加以量度，或是無法以數字將之表達出來，那麼你對於那樣東西的所知，則要歸於貧乏之列，或則嚴重不足。」歸根究底，這是關於績效管理或績效評量背後哲學基礎的論辯，有二句績效管理的名言，正可反映出不同的哲學基礎，亦成為管理研究、理論和實踐的支柱之一是「如果衡量，就無法改進。」這個說法幾乎被一致接受，儘管愛因斯坦說過：「不是所有重要的東西都可以被計算，也不是所有可以被計算的東西都很重要。」（not everything that counts can be counted, and not everything that can be counted counts.）

筆者稱前者之為「高量化管理」；後者為「低量化管理」。若機關首長或上級機關採「高度量化管理」，則屬行績效指標的量化作為，甚至會產生「量化而量化」、「定義造假」等道德風險的弊病；反之，採低量化績效管理思維，則可能會成為所屬機關或人員陽奉陰違或公然阻礙公部門推動績效管理的「正當理由」。若以筆者的實務經驗來看，我國各級政府績效管理不

彰，多半以政府績效管理重在施政品質，品質難以量化，各層級政府研考體系所推動的年度施政計畫管理考體系多淪為「表面文章」、「虛應故事」。但公共服務真的無法衡量嗎？

肆 公共服務績效可否衡量的論辯

一、公共服務績效無法衡量的論點

湯明哲（2004：14）認為平衡計分卡一系列專書強調「如果你沒辦法量度，你就沒辦法管理」，是值得商榷的。因為如果只管理「量得到的作為」，一定會出問題：（一）量度未必準確；（二）很多員工行為無法量度但又極端重要，例如誠實的文化即很難量度，但卻攸關公司整體形象。績效指標無法量化是績效評估的老問題，對於無法用金錢價值衡量的項目，如何予以評估？如何具體化？對於那些不知如何量化的重要計畫，如果勉強為之，是否造成衡量結果的嚴重扭曲（徐仁輝，2004）。

這樣的認知，盛行於我國政府績效管理的學界與實務界。大多數讀者知道，專科以上教師沒有考核獎金，曾有立法委員為之爭取權益，要求在教師法通過「大專教師比照高中以下教師發給考核獎金，但不可以辦理考核。」的立法。應該有比較多數的公務同仁覺得這種主張，不可思議，對吧！表面上大學教師沒有成績考核，形式上是對大學教師的尊重，其實，說法背後的公共服務及教師教學成績難以衡量，才是其主要原因。筆者特別依據筆者的參與經驗以敘事的方式，寫成「大專校院績效獎金研訂始末」，讓讀者以看故事的形式，了解充斥在公務界及教師界「公共服務績效無法衡量的論點」如下：

　　由於，公務人員之考績及中小學教師之成績考核已流於形式，在人人均可領取考績（考核）獎金情形下，大學教師的待遇與公務人員及中小學教師相較，顯然有失公平，嚴重影響大學校

院教師權益，也引起大學校院教師的強烈反彈。全國教育會於民國 80 年 1 月 17 日以「專科以上教師需要辦理績效評量嗎？」為主題，舉辦座談會，爭取未果。然而，民國 84 年 8 月間經立法院審議通過，並公布實施的教師法第 19 條規定：「教師之待遇分本薪（年功薪）、加給及獎金三種。」公務同仁的讀者也沒有發現，教師的薪資項目與公務人員薪資有二點不同：1. 名稱不同：教師稱「待遇」，公務人員稱「俸給」；2. 項目不同：教師待遇項目含本薪（年功薪）、加給及獎金等三項。而公務人員俸給含本俸（年功俸）及加給二項。教師多出「獎金」一項，何故？大多數人都不知其中緣故？

筆者時任人事局四處（現為給與處）一科科長，陪同歐副局長育誠列席教育委員會審議教師法。當時執政黨立法委員周荃及洪冬桂委員等，提修正動議以前述「大學教師沒有成績考核，形式上是對大學教師的尊重，然而事實上，因公務人員之考績及中小學教師之成績考核已流於形式，在人人均可領取考績（考核）獎金情形下，大學教師的待遇與公務人員及中小學教師相較，顯然有失公平，嚴重影響大學校院教師權益。」為由，要求增列大專校院以上教師一律支給二個考核獎金，惟不可做成績考核，以示尊重。人事局表示事出倉促，不該是建立制度的做法，於是歐副局長與筆者共同商議，並徵得立法委員同意通過教師法第 19 條規定：「教師之待遇分本薪（年功薪）、加給及獎金三種。」作為進一步妥善大專校院教師「考核獎金」的依據。教育部據以研訂《教師待遇條例》草案送請立法院審議，教育部於民國 87 年邀請專家學者及有關機關學校代表，組成專案小組，研擬《大專教師績效獎金發給辦法》草案，該辦法草案主要內容，第 4 條就教師當學年度之教學、研究及服務進行綜合評比，並依其結果發給績效獎金。公立學校獲獎人數不得少於各校教師總人數三分之一，

每位最高得給予三個月薪給總額之一次獎金；第 6 條規定：「評比要項內容、權重、基本要求、標準及績效獎金發給金額標準，由各校自行訂定。」讀者要特別注意的是第 6 條條文有關各大專校院教師的獎金的本質是建立在「績效」之上，因此績效獎金的發放必須建立在「績效評比」之上，如何使得績效評比能夠建立「客觀而具有公信力」的基礎上，又回到老問題的論辯上——「教師績效無法衡量」，有意思的是，當時與會專案小組成員的多位大學教授都持如是觀，因此，要求在辦法上明文規定，由教育部訂定統一評比規定，讓各校依規定辦理。當時，我仍任人事局科長，代表人事局與會。我主張爲應「尊重大學自主」，績效評比規定應各大專校院自行訂定；又針對多位教授指摘「教師績效無評量，無法訂定客觀而具有公信力的績效指標。」表示意見：「我們公務人員都是大專校院教師教出來的學生，老師教我們國外先進國家公私部都力推績效獎金制度，以提升政府績效。結果，與會教授申訴我們實務上做不到，不是很奇怪。」後來，教育部綜合與會學者專家意見，政策上將大專校院教師的獎金定性爲「績效獎金」，而且評效評比規定由各校「自行訂定」。

　　不過，104 年 5 月 22 日完成立法公布施行的《教師待遇條例》第 18 條規定：「公立學校教師之獎金，政府得視財政狀況發給；其發給之對象、類別、條件及程序等有關事項之辦法，除其他法律另有規定外，由教育部會商其他相關機關後擬訂，報行政院核定。」及 106 年訂頒的「公立學校教師獎金發給辦法」第 3 條：爲獎勵教學、研究、輔導與年度服務績效以激勵教師士氣，發給公立學校教師獎金，其類別如下：一、國家講座主持人獎金，依附表一規定發給。二、國家產學大師獎獎金，依附表二規定發給。三、學術獎獎金，依附表三規定發給。四、全國傑出通識教育教師獎獎金，依附表四規定發給。五、特殊優良教師獎金，依附表

五規定發給。六、資深優良教師獎金，依附表六規定發給。七、教學卓越獎獎金，依附表七規定發給。八、教師參加競賽獎金，依附表八規定發給。九、指導學生參加競賽獎金，依附表九規定發給。前項各款獎金之主管機關、發給條件、程序、數額及其他事項，依各附表之規定。

筆者花比較大的篇幅，敘述看似離題討論「大專校院績效獎金研訂始末」，其實是要點出在政府部門要推動績效獎金及績效評比的認知與態度。因為身為傳授我們公務人員績效管理、績效待遇等專業知識的大學教授，卻表示公共績效難以評量。最後，教育部 2017 年訂頒的「公立學校教師獎金發給辦法」，已質變為「慰勉性」的獎金，不再是原本「績效性」獎金的初衷，更離「策略性績效管理」遠矣。可見，在我國環境系絡之下，衡量公共服務績效有多麼困難。

二、公共服務（萬事萬物）並非無法衡量的論點

但公共服務以及民間企業內無形資產（如幸福企業、商譽等）真正無法衡量嗎？這個問題困擾我許久，筆者翻閱許多中文、英文專書及學術、專業期刊，發現 Douglas W. Hubbard 在《如何衡量萬物萬事》（How to measure anything: finding the value of "intangibles" in business）的專書，論述企業中無形事物（intangibles）的衡量的問題，而且很明確指出，企業中的無形事物都可以衡量，該書處理三大課題：（一）為什麼沒有一項事物是真正無法衡量的；（二）如何設定及定義各種衡量問題；以及（三）如何使用有力且實際的衡量方法來解答問題（高翠霜譯，2022）。筆者認為該書所謂的「無形事物」，就等同於政府所提供的各項公共服務，對這些事務的衡量論述與筆者多年的思考相互佐證。因此，在本書會有比較多的參考及借鏡，並依據我國特有政府環境系絡加以改寫，以利閱讀，期盼對讀者或從事政府績效管理實務的同仁有所助益。

（一）何謂衡量

「必也正名乎！」不論是學術研究或實務操作，常常要求精準的定義「衡量」。因此，所謂衡量（measure）的定義是：「根據一項或多項觀察，以數量方式呈現，以降低不確定性的操作方法。」這個認知瓦解我們的慣性思維，請特別注意，所謂「真實的衡量不需要完全準確，而是數量上降低不確定性的觀察。只要降低不確定性，不必然要消除不確定性，對衡量而言就綽綽有餘了。」（高翠霜譯，2022）衡量是一種思維方法，在衡量公共服務時，切莫不戰而降，不要一看到衡量公共服務績效時，就產生公共服務無法衡量的慣性思維，而是只要緊記「如何降低衡量公共服務績效的不確定性」，許多公共服務就不是無法績效衡量。一旦培養成這樣的思考習慣，就能精進、改良了先備知識（prior knowledge），就會促進我們對於公共服務績效衡量的正確認知，這對於如何針對公共服務績效衡量，甚而使得公務界逐漸散播公共服務並非無法衡量的思維，將是個重要的突破。

「萬事萬物都是可以衡量的」是一種思維，是一種可落實的思維，是我們期盼精進社會事物或公共事物的積極態度。因為，只要我們秉持著「如果有辦法觀察一件事物，這件事物就能被某種方式衡量。」無論這項衡量有多「模糊」，只要能讓你知道得比以前多，它就是一種衡量。而那些最常被視為無法衡量的事物，事實上卻總是可以用相對簡單的方法予以量化。因此，衡量不必消除一切不確定性。縱使，衡量僅帶來微幅降低不確定性，其價值可能遠大於衡量的成本。筆者特別要強調，該書還提出一個關鍵的衡量觀念，令大多數人驚訝：「衡量不一定是我們通常所認為的數量化的衡量。」請注意，我提出的衡量定義所說的是：一項衡量若以「以定量的方式表達」（quantitatively expressed）不確定性，則至少要數量化；但若觀察的主體可能不是定量的量（quantity），而是定性的質化（qualitative），例如是否屬於某一個集合。比方說，我們可以「衡量」一項專利能否取得判決，或是一個合併案是否會成功，而這些仍能符合我們對於衡量的精確定義。但是我們為了降低不確定性，就必須以「量化」的方式表達（例如，有 85% 的機會

我們會贏得專利訴訟；我們有 93% 的把握，在合併後可以改善我們的公眾形象）（高翠霜譯，2022）。

（二）社會事物無法衡量的主張

Hubbard（2022）認為，人們認為一件事物無法量測的理由有三，這三個理由其實都根源於對不同衡量面向的誤解。我稱這些面向為觀念、客體，以及方法。1. 衡量的觀念：不是完全精確才叫衡量，降低不確定性也是一種衡量。若能了解「衡量」真正的意思，很多事物都會變成可以衡量了；2. 衡量的客體：把衡量的標的加以澄清，就已經開始為這件標的做衡量，因為常常許多人連要衡量之標的是什麼都弄不清楚，瞎子摸象，各說各話，當然無法衡量。對於欲衡量之事物，未能做完善的界定。草率及模稜的言詞是做衡量時的絆腳石；3. 衡量的方法：有許多被認為是無法衡量的事物，不但會是可以衡量，而且早已都被衡量過了，且可以用很簡單的方法就做得到衡量了。

除了上述理由認為有無法衡量的事物之外，還有二個理由是認為有些事物「不應該」被衡量。認為無法衡量常見的理由有：1. 經濟上的反對理由（也就是耗資龐大的衡量）；2. 道德上的反對理由（也就是因為違反道德倫理，所以我們不應該做衡量）（高翠霜譯，2022）。

（三）為什麼公私部門中無形事物並非無法衡量

畢達哥拉斯學派（Pythagoras）認為：「萬物皆數也。」萬物皆可測量。因為數是萬物之「本」，對自然現象的解釋只有透過數字才能得出。用比較淺顯的話語來說，他們認為「凡現象都可觀察，凡可觀察均可量化。」在社會哲學範圍的功利主義哲學家穆勒（Mill）也認為，所有人類的體驗都可以量化，但某些快樂是更值得擁有，更有價值而已。誠然，事物之間的關係不全是數量關係，儘管畢達哥拉斯學派說過，「萬物皆是數」。但是，數字已經深深地融入到我們生活的方方面面，離開了數字我們就沒有辦法進行科學研究，也沒有辦法開展各項管理（中國統計學會，2011）。

Hubbar 一書英文副標所示，我們要討論的是如何找出企業界常稱之為「無形事物」（intangibles）的價值。在企業組織中一定聽過「無形資產」——那些被多人認為，無法用任何方法衡量的事物。例如，管理效能、新產品的預期營收、政府新環境政策對公眾健康的影響、研究的生產力、創造新產品的「靈活性」、資訊的價值、某個政黨贏得總統大選的機會、資訊科技計畫失敗的風險、品質及企業形象等。這些例子，每一項都與組織必須要做的重大決策有密切關聯。然而在大多數的組織中，由於這些「無形」事物被認為是無法衡量的，因此導致無法取得充足的決策資訊（高翠霜譯，2022）。

任職於政府機關或研究公部門績效的讀者是否也有同感。而筆者閱讀到這本書時，雀躍不已，其原因就是該書的目的有二：1. 看起來非常棘手的無形事物，其實是可以衡量的；2. 可利用符合經濟效益的方式完成衡量。該書特別強調，像是海洋中魚群的數量，幸福婚姻的價值，甚至是人類生命的價值等這類看似無法衡量的事物。無論你要衡量與企業、政府、教育、藝術有關的現象，或是任何其他事物，都能在該書中找到適用的方法。

筆者閱讀該書之後，歸納出為什麼組織（公私部門）中無形事物並非無法衡量的指引（高翠霜譯，2022）：

1. 體認衡量對組織的決策或績效至關重要

理由為：(1) 因為衡量可以對具不確定性的決策提供資訊；(2) 任何一項決策，都存在許多有待衡量的事物以及衡量方法——但是，不要妄求完全的確定性，這是不合現實的期盼；(3) 管理階一定要有一個方法，以降低決策不確定性的選項。

請讀者將衡量視為盡量降低不確定性的最適化努力，而不是尋求最精確、最佳的嘗試。政府的施政決策具有高度不確定性，一旦錯了，嚴重影響國計民生至鉅，因此，如何降低政府施政成效的不確定性，提高政府施政績效、決策品質，績效衡量成效就具有很高的價值。如果績效衡量不能告訴政府政策決策者、執行者重要的訊息，沒有人會在意衡量。

2. 釐清衡量定義

澄清衡量的觀念，是突破「組織存在許多不可衡量的事物」認知的第一步，也是最重要的一步。如果大多數人錯誤地認為，衡量就是要求達到最精確標準，如果持這種定義的衡量，那麼能衡量的事物確實是鳳毛麟角。具體地說，「衡量」是什麼呢？多數人的回答是：「將一件事物予以量化」、「計算出精確的價值」、「精簡成一個數字」、「選出一個代表性的數值」等。這些答案中明示或暗示的是，衡量是確定性，是一個精確的數值，不存在誤差。如果衡量的意義真是如此，那麼，可以衡量的事物確實是非常少了。真實的衡量不需要完全準確。真正的科學做法是報告一個數值區間，像是「玉米農場使用這類新種子，平均收益增加了 10% 到 18% 之間（在 95% 信心水準區間之下）（高翠霜譯，2016）。

3. 釐清衡量對象

找出衡量的客體，幾乎是所有科學調查的開端。企業經理人必須了解，有些事物看起來無形，是因為他們尚未對該事物下定義。只要釐清你問題的定義，則你就已經做出一半的衡量了。Hubbard 在他的專書中，透過說故事的方式，引導讀者如何釐清衡量對象的定義，很有參考價值，茲引用如下（高翠霜譯，2022）：

> 即使採用了衡量比較實用的定義（亦即降低不確定的觀察），有些事物看起來還是無法衡量，因為我們一開始提出問題時，往往不知道問題的確切意思。在這樣的案例中，我們對於要衡量的「客體」（object），並沒有明確的定義。如果有人問如何衡量「策略聯盟」或「彈性」或「客戶滿意度」，我就會問：「你確切的意思是什麼？」有趣的是，當人們進一步推敲他們的用詞時，幾乎在這個過程中就已回答了他們的衡量問題。
>
> 為了讓我們了解究竟要衡量什麼，有必要說明為什麼我們要衡量某件事物。衡量的目的，常常是定義衡量應該是什麼的關

鍵。任何衡量，都必須支援至少一項特定的決策。衡量的目的都提供我們線索，了解什麼是衡量真正的意思，以及如何去做衡量。

　　一旦經理人釐清自己的問題，以及它的重要性如何，提出的問題就變得可以衡量了。我在進行我所謂的「釐清工作會議」（clarification workshops）時，這通常是第一層的分析。亦即由客戶來敘述一項他們想衡量的特定、但最初是模糊的事項。然後我接著問，「你所說的『×××』是什麼意思呢？」以及「為什麼你會在乎它呢？」這可以應用在範圍廣泛的衡量問題上，尤其是IT產業。2000年，美國退伍軍人事務部（Department of Veterans Affairs）請我幫他們定義IT安全的績效指標。我問他們：「你們所說的『IT安全』是什麼意思？」經過二到三次釐清討論會後，該部門的職員為我做了定義。他們所說的「IT安全」，是指減少未經授權的侵入，以及電腦病毒攻擊事件。他們接著解釋，這些事件會對組織產生影響，例如詐騙損失、生產力的損失，或甚至是潛在的法律責任（2006年他們取回被偷的筆電，內有2,650萬名退伍軍人的社會保險號碼，幸而當時沒發生法律責任）。

　　幾乎在所有的例子中，很明顯地都是可以衡量的。「安全」是個模糊的概念，直到將它分解為概念，直到將它分解為真正想要的觀察事項，才有清晰的面貌。

三、公共服務績效並非無法衡量的操作方法

（一）質化資料也可以透過適當方法，轉換成數值

　　數據（data）不單指量化（或稱定量）數據，還包含質化（或稱定性）數據，這一點讀者要注意。何謂量化數據？何謂質化數據呢？多數人都耳熟能詳，但真正能明確掌握其意義，卻是不易。統計學領域對這二個名詞的定義，非常明確，可做參考。一般而言，統計學的功用就是由各式各樣的資料

中找出有用的資訊。但資料也有很多種。年齡、身高是以數字來表示，但姓名、性別、健康狀態卻是以文字來敘述。這兩種表現方式在統計處理上有完全不同的意義。因此統計學將這些根據實驗、觀察或調查等取得的紀錄稱為數據，年齡或身高，以數字來表示的資料就稱為「量化數據或定量數據」。而表示性質或狀態的資料如性別、健康狀態、施政滿意度等，就稱為「質化數據或定性數據」。一般人會以為統計學的資料都是量化數據，然而質化數據也歸統計學範疇。怎麼做呢？就是將質化資料「轉化」成適當的數值後處理。舉例來說，以「施政滿意度」為例，假設「不滿意」的數值為 –1，「普通」的數值為 0，「滿意」的數值為 1，就可以把質化資料轉換數值，然後再利用這些數值進行統計。這是分析問卷調查結果時不可或缺的技巧（李貞慧譯，2016）。

由前可知，由觀察或試驗所得的數據，分為定量的和定性的數據。定量數據是指那種可用一定的數值單位來度量的數據。在生活中我們接觸到的數據，大部分屬於這種類型：例如，蔬菜的價格、大米的重量、職工人數、工資、電腦的銷售量、產品的合格率等。與此相反，凡是不能在數量上予以精確規定，而只能依據一定的標準或特徵去進行分類的數據，就稱為定性數據。例如，一個人的文化程度（文盲、小學、中學、大學）、茶葉的等級（特等、一等、二等）、對一項政策的態度（贊成、反對）等。定性數據也稱為類別數據（魏振軍，2010）。

如前所述，質化資料也可以透過適當方法，轉換成數值後，用統計方法加以處理。更切題的說，質化指標也可以轉化成適當的數值，用統計方法處理。例如，「幸福度」是質化指標，我們要測定「幸福度」這個質化指標，首先必須找出創造出「幸福度」本質的要素是什麼？如何幸福可以轉化成財富、地位、性的滿足度，那麼，只要是「創造出」幸福本質的構成要素，則接著就可以以「數值」表示財富、地位、性的滿足度等，分別予以測度為 4分、6分、5分等，將這些構成要素所得分數，加以合計，就可以獲得「幸福度」的數值。質言之，質性業務可以透過析解本質的構成要素，但欲對各

個要素加上分數時，應如何做才好呢？要怎樣來合計這些分數，才能正確地表示「幸福度」呢？這些就是數量化的技術的精髓（張輝煌譯，1987）。

換個說法，有碩士學位且受過社會科學研究訓練的公務同仁，都知道一種將抽象化概念，透過操作化定義的方式，可轉化成具體的面向或構成要素，加以測量。所謂操作化定義是將抽象或主觀的概念陳述，轉化為可觀察的、具體的陳述，使之可客觀的測量。對於較抽象或較主觀層次概念的操作化方法，依序如下。第一，將抽象或主觀概念分解為數個有關聯的構面。如「中產階級」就包括收入、成就和聲望等構面；第二，是選擇適當的可測量指標，例如收入可觀，轉化成可操作的構面：「有自有住宅」、「出入有車」或「家庭收入 200 萬至 300 萬元」，如此一來，中產階級就成為可測量的概念了。

（二）運用統計方法將衡量項目轉變為量化

日本統計學者西內啓（陳亦苓譯，2016）是一位致力於統計學通俗化的學者，兩岸翻譯他好幾本著作，由於該等著作，不談統計運作，強調在統計方法的運用，可以介紹給文科生或有興趣跟上循證決策腳步的讀者參考。他在《統計學——最強的商業武器》（中譯名）一書，介紹這個眾所皆知的智商概念，如何將這個無法測量的概念，透過尋找與之緊密的「一些可測量的事物」，推測出可測量的數值。這種做法，我們可將之運用在「將政府公共服務中那些無法測量或難以測量的質性業務，找出與之「緊密連結的一些可測量事物」，藉以推算出該項「質化公共服務」的數值，因而得以測量，使轉化成客觀而具有公信力的概念。我認為很有啟發性。

西內啓在書中提到，IQ（智力）測試這一衡量智商的標準就連小學生閱讀的漫畫中也能看到。但實際上，很多人卻並不知道這一指標的具體含義。與身高、體重和血壓這樣能夠進行物理測量的指標不同，智商是看不見也摸不著的東西。究竟什麼是 IQ，又應該怎樣對其進行測量？現在，我們使用的 IQ 測量，為什麼能夠對 IQ 進行測量？要想理解 IQ 究竟是什麼，我們首

先需要了解心理學家在最近一百年來所積累下來的統計學方法。根據研究的結果，Spearman 在 1904 年發現不同智慧的表現有某種程度的相關性。然後只要對這些指標加入一定的關聯性，就可以得出一個與所有指標都相關的合成變數，他將這個指標稱為「一般智力」，如圖 1-2 所示。

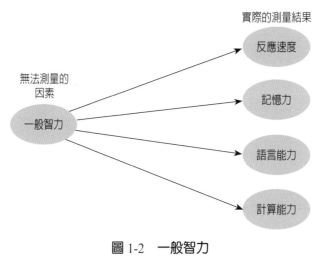

圖 1-2　一般智力

資料來源：陳亦苓譯（2016）。

Spearman 所用的分析方法，現在被稱為因數分析法。以「因數」是用來表示「智力」等抽象概念的數值，「因數」本身無法進行直接測量。可是，透過存在許多與因數具有緊密聯繫的「能夠測量的事物」。例如，反應速度、記憶力以及計算能力都能夠進行測試，而這些能力和我們所擁有的抽象的智慧因數具有非常緊密的聯繫。通過「能夠測量的事物」計算出「擁有緊密聯繫的合成變數」，就可以推測出這個因素的數值。這就是 Spearman 與受他影響的心理學家們所用的方法（朱悅瑋譯，2013）。

（三）定性資料轉定量的實際操作方法

　　為了讓讀者能夠充分掌握「定性資料轉定量實際操作方法」的基本功，能夠運用到各機關在面對提高公共服務品質的質性資料轉化成量化指標時，而且不需用複雜統計方法，只要運用國中、小學的數學就做得到了，日本學

者森眞太郎所著《每天懂一點拯救上班族的數字》（中譯名），有非常淺白的描述，其文字深入淺出，非常具有參考價值，為使讀者全盤掌握公共服務質化轉量化的操作，故做較為詳實的引用（郭勇譯，2014：112-115），不過，讀者若有更進一步了解全貌，請閱讀原書：

1. 問題情境

你在某家公司擔任零售事業市場調查的負責人。當前，正處於制訂今後發展策略的關鍵時期，你和同事們開始研究今後公司應該大力發展哪種類型的顧客。於是，你們將顧客的類型分為四種，決定從中選出最重要的一類顧客。

A 類顧客：第一次來店裡，就突然購買了高額的商品；

B 類顧客：來店裡多次，才第一次消費，但消費金額比較高；

C 類顧客：偶爾來店裡，每次來必定會消費，單次消費金額不高；

D 類顧客：來店裡多次，其中有幾次消費，單次消費金額不高。

擺在我們面前的有消費金額、來店次數、消費次數等指標，但是該如何具體評價上述四類顧客，你還不太清楚。討論時，同事之間也是各持己見，難以達成共識。那麼，到底該如何選出對公司來說「最重要的顧客」呢？A～D 到底哪一種類型的顧客才是正確答案並不重要，這個問題主要討論的是選擇的方法。

2. 實際操作舉隅

正如你注意到的，這個問題中沒有出現一個數字。也許你會想，這真的是一道數學問題嗎？其實，在商務工作的世界裡，這確實是一個可以用數學解決的問題。從頭一直認真讀到這裡的朋友，相信你們一定發現了「使用數學＝數值化＝量化」。

如果沒有數字的話，那我們就製造出數字來！

我們來試試看。這個問題中，績效指標有「消費金額」、「來店次數」和「消費次數」，我們以 5 分為滿分，為每一個指標進

行打分。例如，A 類顧客購買了高額的商品，所以他們的「消費金額」可以打 5 分，而「來店次數」和「消費次數」都是第一次，所以打 1 分。以下同理，可以給 B、C、D 類顧客的各個指標分別打分數。然後，再按照顧客類型，將每種類型顧客的總分計算出來。結果，我們發現 B 類顧客得了 11 分，居第一位。也就是說，我們似乎可以下結論了，最重要的彷彿是 B 類顧客。

　　用上面的方法得出的結論似乎也沒錯，但總覺得缺少點什麼，就好像 100 分中只得到 50 分的樣子。到底是哪裡存在缺陷呢？也許你還摸不著頭腦，那麼我先來問你一個問題。「消費金額」、「來店次數」和「消費次數」這三個指標，具有完全相等的價值嗎？舉例來說，假如商品是化妝品的話，與消費金額相比，恐怕消費次數（顧客回頭率）更為重要；如果是便利店的話，顧客的來店次數應該比其他兩個更為重要。由此可見，「消費金額」、「來店次數」和「消費次數」這三個指標的重要性並不是完全一致的，我們是不是也可以將它們的重要程度數值化呢？那麼我們就來試試看。

　　假設在這道問題中，顧客的「來店次數」是最為重要的評價指標，第二重要的是「消費次數」，最後是「消費金額」。如果以 5 分為滿分的話，那麼「來店次數」、「消費次數」和「消費金額」這三個指標的重要性得分，分別為 5、3、1。這樣一來，各個指標的重要性也數值化了。終於可以進行最終的評估了。如下表所示，將各個指標的分數與其重要性得分相乘，再為每種類型的顧客求一個合計值（相加），就可以最終反映出哪種類型的顧客最為重要。這次我們得到的結論是：D 類顧客是最為理想的顧客。當然，如果各個指標的得分發生改變，各個指標的重要性也有變化的話，結果也必然發生變化。

	A 類顧客	B 類顧客	C 類顧客	D 類顧客
消費金額	5	5	2	2
來店次數	1	5	3	5
消費次數	1	1	3	3
得分	7	11	8	10

　　如果沒有數字的話，我們總忍不住根據直覺去做判斷。但是，如果我們能將相應的指標數值化，就可以將模糊不清的「定性判斷」，變成準確的「定量判斷」，也叫作「視覺化」。這樣一來，我們做出的選擇不僅合理，而且還有充分的理由讓別人都能理解。在這裡，哪個才是正確答案並不是關鍵，最重要的是在實際工作中使用這種方法進行選擇和判斷。我希望大家學會這種思維方式。將各個指標數值化，將指標的重要性也進行數值化。

	重要性	A 類顧客	B 類顧客	C 類顧客	D 類顧客
消費金額	1	5×1	5×1	2×1	2×1
來店次數	5	1×5	5×5	3×5	5×5
消費次數	3	1×3	1×3	3×3	3×3
得分		13	33	26	36

$$A 類顧客 = 5×1 + 1×5 + 1×3 = 13$$
$$B 類顧客 = 5×1 + 5×5 + 1×3 = 33$$
$$C 類顧客 = 2×1 + 3×5 + 3×3 = 26$$
$$D 類顧客 = 2×1 + 5×5 + 3×3 = 36$$

　　經過上述的說明之後，這種由質化資料轉化為量化，加以測量，得以客觀而具有公信力的評量其結果的事例，俯拾皆是，只是我們沒有特別感知而

已，如能運用在績效評量及績效指標的訂定上，政府部門業務所謂多屬服務品質，無法量化，無法做績效管理的迷思，就可以重新思量。

　　評量政府部門公共服務等抽象、主觀概念時，一定要特別注意的，那就是應考慮轉化成量化指標的成本、效率及目的性，否則就會陷入為量化而量化的迷思。因此，筆者將政府績效指標的量化類型，具體地歸納為：1.「本就可量化」；2.「本就難以量化」；及 3.「儘可能量化」等三種社會事件的量化類型。換個說法，我們將萬物皆數的概念運用到訂定量化指標時，「轉化」成為一個有用的概念，也就是表面上看起來質化的指標，可以轉化成量化指標，質化資料也可以轉換成適當的數值後，用統計方法加以處理，予以量化。

四、在績效衡量實務上選擇適宜性績效指標應注意事項

（一）要注意刻意量化的併發症

　　在衡量政府施政績效時，必須要能了解「（社會）事物之中，有些很難以數值來表示的事物，數量化並不是形式上將質轉化為量化，以滿足自己的遊戲，或表面的科學的追求，其目的如何能夠有所貢獻。」（張輝煌譯，1987）在訂定績效指標時，我們常被建議，減少到一個或有限數量的量化指標。績效指標的重要性與其可量化程度，常呈現反比關係。但也要注意如 Patton 所稱：「當各種組織被要求績效指標要明確、要具體，並且可衡量的，就等同於只能衡量那些只有科學家知道如何衡量的事情。但公共政策領域的許多活動是非常複雜的、無形的。」（Franceschini, 2007）

　　Henry Mintzberg 指出：「評估政府中許多最常見的活動（或複雜過程）需要軟判斷（soft judgement），尤其是那些很難衡量的事物。一定要注意到，一味強調衡量，往往漏掉重點，有時會更造成嚴重的扭曲。」更要注意，人們總能找到各種方法操縱數字，在資料上作弊，或調整自身的行為來達成某些指標。而這就是以經濟學家 Charles Goodhart 命名的「古德哈特定律」（Goodhart's Law）：「如果一項指標一旦變成了目標，它將不

再是個好的指標了。（When a measure becomes a target,it ceases to be a good measure.）數字就像肥皂，如果你用力擠它，它就會從你手中滑脫。」（馮皓珺譯，2021：51）

（二）盡可能量化，但不要僵化

部分學者專家認為公共服務多無法量化，因為無法量化，績效評比結果不具有公信力，因此直指政府機關無法落實績效管理制度。如果，此種思維邏輯是正確的話，政府部門實施績效管理或績效待遇制度的確有其困難。然而，也有部分學者專家認為，一般而言，社會事件或社會現象都是可以測量的（measurable），而量化只是評量社會事件的方法之一，質化測量法也是測量社會現象的重要方法之一。在《百年德魯克》（第二版）一書中，提到 Drucker 對於社會公共事務之績效評量是不是一定要量化的見解，他說，策略規劃中一些最重要的問題只能用這樣的語句來表達：「較大」或「較小」，「較快」或「較遲」。這些語句也是量化的，但雖然不易進行運算（那國毅，2021）。

英國管理學者 Fredmund Mailk（2015）對於在談到目標設定時，關於組織目標的設定的量化有著精彩的論述，可以回答管理者對於組織目標或指標是否要量化的問題，茲引用如下（章愛民譯，2108：157-158）：

要量化，但不要教條化。只要有可能，就應當勉強員工量化他們的目標。必須堅持這一點，且要持續精進。在績效管理實務中，能夠量化的業務，比絕大多數人想像的要多得多，不可劃地自限。只是人們沒有系統學習過怎樣量化罷了──那些受過嚴格的科學或技術訓練的人除外，絕大部分人員面對目標的評量時，如同一個懷有玻璃心的人，一遇到量化事務，即放棄。實際上，面對量化是個可持續學習而深化的過程，是一個令人愉悅的學習過程，將從未量化的業務，予收成功地量化。

我們還要避免誤蹈另一個教條，就是：「凡不能量化的，就是不重要的，因而也是不必在意的。」這對公司或其他任何組織來說，都是極其危險的。此一錯誤源自對量化的誤解。

第二章
績效管理相關概念

第一節　績效管理相關概念界定釐清

　　請特別注意，我國政府績效管理欠缺一個完整的績效管理架構，直到 2002 年開始推動績效獎金制度之時，爲了落實客觀公平的績效評比，以作爲各機關發放績效獎金的依據，行政院 2004 年訂頒「行政院及地方各級行政機關 2005 年實施績效獎金及績效管理計畫」，確定建立團體績效評比制度；且賦予從機關績效層次，到單位績效層次，到個人績效層次的完整績效管理架構，這是我國政府績效管理制的變革，卻沒引起太大的關注。

　　但由於與行政院人事行政局同爲中央人事主管機關的銓敘部，基於良性競爭，銓敘部也將團體績效評比機制，納入 2008 年公務人員考績法修正草案第 14 條條文，其第 2 項文字爲：「主管機關及各機關得視其業務特性及需要，分別辦理所屬機關間及內部單位間之團體績效考核，考核結果作爲評定機關及單位人員考績及獎勵之參考；其範圍、標準、程序及有關事項之實施辦法，由考試院會同行政院定之。」（按，筆者當時在行政院人事行政局，應要求草擬此條文字給銓敘部參考）雖至今尚未完成立法，但總是讓一套完整的行政機關績效管理制度，有了法制化之落腳。

　　「愚公移山」、「滴水穿石」。行政機關團體績效評量制度，終有完成立法之時。因此，基於常任文官對於人事制度完備的責任感，以及自己推動績效管理制度，及對績效管理理論的鑽研與蘊積，乃不揣固陋，撰寫本書。爲使讀者對行政機關績效管理制度獲得全觀的了解，乃跨域人事單位、研考單位及業務單位，綜整績效管理、考績、績效評量等概念，以前瞻的視野，

超前部署，以應未來公務人員考績法完成立法後，先行完備各機關推動績效管理之先備知識。

壹 績效管理理論的發展與嬗變

組織理論一直在嬗變之中，傳統理論時期以泰勒為代表的科學管理學派，焦點著重在正式組織結構的控制；修正理論時期從霍桑試驗開端的人群關係學派，則聚焦於非正式員工行為的控制。這二個理論時期均在組織中實施控制，回饋控制，以追求組織效率。由於過度強調控制，而忽視組織與環境因素的互動關係，造成許多不利影響；於是整合理論趁時而起，在權變理論的指引下，安德魯斯與安索夫為首的策略規劃學派，聚焦於變動不居環境中對組織的永續生存，著眼於內外環境中可控的有利因素及不可控的不利因素，使管理進一步蛻變，從「績效控制」轉變為「績效管理」，使之更具建設性、指導性的意涵，也使得組織與管理更有助（而不是約束）實現組織目標。有一些學者指出，面對著由「管理控制系統」轉變到「績效管理系統」的現實，「控制」一詞也應該被「績效」取代。事實上，當學界與實務界使用績效衡量（performance measuremet），反映了他們試圖避免使用「控制」或績效評估（performance evaluation）等傳統的用語，意圖與舊的控制典範切割（Nanni et al., 1992: 9）。

從 80 年代開始，管理控制學者強調基於財務的激勵，導致偏愛短期結果，從而忽視長期目標。於是，開始有些學者強烈呼籲應從聚焦於財務績效指標的管理控制系統，轉向聚焦基於長期生存驅動因素的績效管理（Kaplan & Norton, 1994; 1996）

績效管理系統進一步擴充其內涵，將策略目標相關性及因果關係的思維納入，BSC 彌補了傳統控制系缺乏相關性的缺失，亦即是 BSC 所強調的「平衡」概念，如關注「領先指標」與「落後

指標」的平衡，應關注「財務指標」與「非財務指標」間的平衡。

　　BSC 是一個「策略管理系統」（strategic management system），因爲計分卡的聚焦於衡量重要事項，有助於完成關鍵的管理流程，例如，「轉化願景與策略」、「溝通和聯繫策略目標與衡量間關係」、「計畫、設定目標並校準各項策略，使之齊一」。最後，「增進策略反饋和學習」。此外，他們肯定平衡計分卡是「將公司的願景和策略轉化爲一套連貫的績效衡量標準的綜合架構」。

　　從策略的角度來闡述績效管理，賦予績效管理新的內涵，使績效管理具有支援決策的功能，它們是支持策略決策制定、規劃和控制過程的一些具體做法。Amaratunga & Baldry（2002）從策略的角度，將策略績效管理系統（strategic performance management system, SPMS）定義爲「是一個運用信息，俾使在組織文化、系統和流程中產生積極變化的系統。」

　　總之，策略性績效管理闡明了績效衡量和績效管理之間的差距，組織策略與策略執行間，建構明確手段——結果關係，因此，策略績效管理系統係指落實組織策略的一種機制，一種明確連結組織策略與執行的機制。將組織策略轉化爲行動，將組織的策略化爲結果。

　　綜觀組織績效理論的演變，其重點有三：一、組織績效衡量的思維從控制轉型爲績效管理（含績效衡量）；二、組織績效衡量的概念從單一觀點（財務）轉型多元觀點（除財務外，含非財務）；三、組織績效衡量的方法從個別控制到單一觀點（財務）轉型多元觀點（除財務外，含非財務）。

貳　本書所用名詞定義

　　什麼是績效？績效如何衡量呢？從事於績效研究者及實務者都有個共同的困擾，那就是探討績效這個議題的名詞特多！筆者特別收集了研究「績

效到底做得如何呢？」的文獻，有「績效考核」、「績效考成」、「績效考評」、「績效衡量」、「績效評定」、「績效管理」及我國特有的「考績」。有些學者認為確有不同？有些學者認為「本同異名」，如菩薩萬相般。然而「名不正，則言不順；言不順，則事不成。」尤讓初探績效領域者，困擾不已，筆者就曾經有過這樣的困惑經驗。

因此，將緊接著對本書所用的名詞一一予以定義，並予以釐清。筆者參與政府施政績效的制度設計、推動及政策評估活動，經綜整多年累積的實務經驗，將本書績效概念限縮並聚焦為：績效考核、績效管理、績效衡量等名詞。

一、績效考核

丁志達（2003）將 Performance Appraisal，譯為「績效考核」，並界定為「一套正式的、結構化的制度，用來衡量、評核及影響與員工工作有關的特性、行為及其結果，從而發現員工的工作成效，了解未來該員工是否能有更好的表現，以期員工與組織的獲益。」上述績效考核是針對員工個人的績效予以考核，我們政府部門稱之為「考績」。全於績效考核（考績）的主要內容如次：

（一）它是一套科學化、客觀化及結構化的考績方法。

（二）考績之標的物為公務人員的內在特質，或外顯行為，或工作的結果。

（三）它是以公務人員一定期間考績的結果，作為俸給調整、職務任免升遷及行政獎懲的準據。

（四）它是以公務人員考績的結果，作為未來調整職務、員工訓練與發展的依據。

（五）考績之目的在於提升公務人員個人績效，在於提升機關組織層面的績效。

就實務而言，考績法第 1 條規定：「公務人員之考績，依本法行之。」顧名思義，是考核員工的績效，因此考績貼近 Performance Appraisal 理論意

涵。依據考績法第 2 條，公務人員之考績，應本綜覈名實、信賞必罰之旨，作準確客觀之考核。綜上，本章將考績（績效考核）界定為，於某一段時間內對於員工的特性，行為表現及工作結果之考核……。而所稱「某一段時間內」可以對應到考績法第 3 條的年終考績，係指機關在每年年終考核其各官等職等人員當年 1 月至 12 月任職期間之績效。

「考績最終目的在於訓練。」為什麼呢？當我們透過績效考核，發現員工未能達到原訂的績效基準時，就必須針對這位員工予以訓練；另針對績效卓越的員工，更需要訓練，因為這位表現優秀，很有績效的員工，應該是公司積極培養的人員。因此員工表現不好，施予訓練是公司的義務，對績效卓著員工，施予訓練成為公司的資產，因此，考績最終之目的在於訓練。

此外，現行考績制度的重點已經不在於淘汰表現不好的員工，而在於「獎勵卓越」，是在提升表現不好的人員。《論語》有一句話，季康子問：「使民敬、忠以勸，如之何？」子曰：「臨之以莊則敬，孝慈則忠，舉善而教不能，則勸。」最能代表考績正向功能的是「舉善而教不能」，若能做到這句話，則員工都會受到感化而自我管理。

二、績效管理

Herman Aguinus（2019: 30）將績效管理定義為：「一個識別、衡量和提高個人績效和團隊績效，並使之與組織策略目標保持一致的持續改善過程。」此定義有二個要點：（一）持續的過程（continuous process）：績效管理是組織中持續日行不輟的管理活動。它在一個組織中設定長期目標和短期目標，透過監看績效，討論績效，以及時時刻刻給予他人或接受他人指導、反饋的持續過程；（二）與策略目標維持一致（alignment with strategic goals）：績效管理旨在促使主管或管理人員確保每一員工日常活動、產出，與組織目標融合（congruent），從而助組織獲得競爭優勢。注意，這一個定義的關鍵在於指出績效管理是一個持續的過程，並與組織策略目標保持一致。

　　Armstrong（2009）認為，績效管理是透過改善個人績效和團隊績效，藉以提高組織績效的整體性過程。因此，績效管理在建立員工績效、團隊績效與組織績效三者間的直接連結，並使員工績效行為能夠直指組織貢獻。請注意，這一個定義的關鍵在指出績效管理是個人績效、團隊績效及組織績效間整合，維持個人績效、團隊績效及組織績效一致性。同樣地，在政府公共服務的系絡下的績效管理系統，旨在使員工的努力能與機關目標保持一致。

　　筆者要特別指出，民間企業盛行的績效考核，在政府機關就是公務人員考績法所規範的考績，這二個名詞與績效管理一詞，意義不同，範圍不同，實施期間不同，必須予以區辨。考績或績效考核的績效評量對象為員工或個人，績效管理的評量對象尚包含單位績效及組織績效。績效考核或考績是每年年終針對公務人員工作表現、品德操守等，加以評量的機制；一旦年度考績終了後，就不再持續對員工提供反饋、指導，以提高其績效。因此，績效考核不是一個持續進行的績效評量活動，故績效考核不是個真正的績效管理系統，充其量不過是一個針對個人工作表現的定期績效評量程序，針對員工工作表現優劣評量與描述。綜而言之，績效考核或考績的重要性，不言可喻，但僅僅是績效管理整體制度的一個構成部分而已。績效管理被視為許多相互關聯的過程，而不是每年一次的考核。質言之，績效管理是一個系統整體性、持續性的過程，經由發展個人績效和團隊的績效，促進組織績效。

　　從上述「績效考核」、「績效管理」之定義，隱含下列幾個意涵：（一）績效管理與績效考核有別，績效考核為績效管理的基礎，為績效管理的一環；（二）績效管理分為組織績效、內部單位績效及員工績效等三個層次；（三）績效管理重心逐漸由考核人員的個人績效，轉向兼顧考核團體績效及組織績效；（四）考績法所稱考績，係側重「員工績效」之考核，貼近學理上的績效考核用語。

　　Louis & Ohemeng（2021）針對開發中國家政府部門績效管理推動情形，提出一個重要的發現：「在過去的三十年裡，許多發展中和轉型經濟體的績效管理的研究顯示，開發中國家（地區）實施績效管理，面對許多

挑戰，其中最大的問題包含：（一）過於側重員工個人績效管理（Employees
Performance Management, EPM），而不是組織績效管理（Organizational
Performance Management, OPM）；（二）未曾著力於整合 EPM 和 OPM，使
之高度結合。在我國政府部門推動績效管理制度下，又何嘗不是如此，在我
國只要談到績效評估或績效管理時，公務人員腦海中必然浮現「公務人員考
績法」相關法制，側重「員工個人績效」，而不是團體績效及組織績效。

三、績效衡量

　　所謂績效衡量（Performance Measurement）一詞，美國總審計局定義
為：「績效衡量是對一件計畫完成情形的持續監測和報告，特別著重在
預定的目標的實現。它通常是由制定該計畫者或負責的機構管理之。」
（Franceschini, Galetto, & Maisano, 2019）Hans de Bruijn（2007）將績效衡量
背後的中心思想，歸納為三個要素：第一，各個組織先要預設績效；第二，
訂出績效指標；第三，透過定義績效指標，來衡量預設的績效。換言之，透
過績效衡量可得知組織完成其任務時效，也同時呈現顯示是否達到預期的績
效及所投入的成本為何。

　　筆者要強調的是，實施績效衡量可促使行政機關為其負責的專案或計
畫，訂定出明確的績效目標，並能訂定出績效目標的期程；更重要的是，透
過慎選的關鍵績效指標，從而讓民眾從關鍵績效指標中，看出這個機關績效
目標所顯露的雄心壯志，以及如何創造人民最大幸福的公僕心。

　　績效衡量重點在於如何落實，如何設定檢查點，如何一步一步無偏差
的到達終點。舉一個曾經閱讀過的例子，1984 年在東京國際馬拉松邀請賽
中，一位名不見經傳的日本選手山田本一，出人意料地奪得了世界冠軍。當
時許多人都認為這個偶然跑到前面的矮個子選手是偶然得冠。然而兩年後，
義大利國際馬拉松邀請賽，山田本一代表日本參加比賽，又再次獲得了世界
冠軍。出現二次就不能說是偶然，於是，引起許多人的探究，然皆不得解
謎。

　　兩次奪冠並非偶然！十年後，這個謎團終於被解開了，山田本一在他的自傳中這麼說：「每次比賽之前，我都會乘車，先仔細的把比賽的路線看過，而非走馬看花，更重要的是，結合我體能及跑步策略，將沿途分段標點，牢記於心。例如，第一個標點是銀行，第二個標點是大榕樹，第三個標點是一座紅樓，依次標點到終點。我可以完全掌握整個路程的距離與配速，有策略地跑，是我奪得冠軍的秘密。」

　　以績效管理或績效衡量來看，山田本一的贏得馬拉松冠軍的過程，就是馬拉松績效管理，而其中的標點，就等同於績效指標。因此，採用績效衡量有以下幾點好處（Bourne & Bourne, 2011）：

- 績效衡量系統是一種使組織或員工聚焦於策略、績效目標和績效指標的一種結構化的分析方法。
- 績效指標促使組織或員工投注更多資源於需更多應關注的產出及成果之上。績效指標會促使組織或員工對其績效目標的執行，提供更多的回饋與校準。
- 績效指標除改善了（員工之間的）內部溝通外，也加強與外部環境（在組織和客戶／利益相關者）間的溝通。綜合而之，由於對衡量和改進業績（注重成果的管理）的重視，致對組織的影響是全方位的。
- 績效衡重有助於檢證計畫及其成本的合理性。

貳 績效管理體系的分析層次

　　就政府績效管理體系而言，一個完整的績效管理體系應包含：一、機關績效；二、單位績效；及三、員工績效等三個績效層次。進一步闡釋，績效管理至少具三個不同的模型：一、績效管理是管理組織整體績效的系統；二、績效管理是管理個人績效的系統；三、組織是個整合管理組織績效及員

工績效的系統（Williams, 1998）。

　　分項而論，第一種看法，若認為績效管理是「管理個人績效」的系統，則組織績效是個人績效的加總，在這個概念之下，績效管理的分析單元是員工的績效，只要個人績效提升，就意謂著組織整體績效的提升。因此，若組織績效不彰，只要改進員工個人績效即可。我國公務人員考績制度，就是以公務人員個人績效為分析單元的制度，因此，公務人員考績法修正草案的重點如：考績結果等第比例是否要有丙等比例、考績評比是否要修正為採用360度評估法方式等，皆是針對如何改進公務人員個人績效所做的努力。

　　第二種看法，若認為績效管理是在「管理組織整體績效」的系統，在這種情況下，績效管理的目的既針對組織策略、組織整體目標的實現和績效的提升，那麼組織績效評量的策略功能得以落實。

　　第三種看法，若將績效管理看成「管理組織績效及員工績效」的整合系統，就是前面 Armstrong（2009）所認為，績效管理是透過改善個人績效和團隊績效，藉以提高組織績效的整體性過程。因此，績效管理在建立員工績效、團隊績效與組織績效三者間的直接連結，並使員工績效行為能夠直指組織貢獻。這個看法就是本書所持的論述。在實務上，筆者推動我國績效管理過程中的體會，應戮力於建構「組織績效」與「員工績效」結合的系統，一個完整的績效管理體系，應當兼容組織層面的總體分析層次及員工層面個體分析層次，則此寓意著績效管理理論與實務的分析層次，所對應的需要的績效管理原則是：一方面能讓員工發揮績效，建立團隊協作方式，凝聚共同的績效目標和共同努力方向，調合員工個人目標或組織共同目標，透過針對員工個人績效評量，可以落實對個人的合理獎懲的行政目的，個人提升教育訓練的發展目的；同時也可針對團體或組織績效評量，落實組織的策略目的。筆者將 2002 年間推動績效獎金暨績效管理制度，所累積的實務經驗，將一個本土的策略導向績效管理模式（第三種看法）定義為：「在一個組織績效目標金字塔之下，將各層次績效目標間做有意義地轉化和連結，並以多元績效指標，整合、評量單位績效，藉此使員工明確了解機關目標（施政計

畫）、單位目標及員工個人目標間的因果關係，使機關的施政計畫（使命、願景及策略）得以轉化爲機關內部單位及員工日常的業務，使得機關績效得以持續提升的過程。」（林文燦，2009）

第二節 績效管理與策略管理

壹 一般敘述

《中庸》有云：「凡事豫則立，不豫欲則廢。」白話解釋意爲，任何人做事，要有預先計畫，再按計畫，漸次推動，才能有效管理，獲致績效；以現代管理觀點來看，績效管理須始於策略規劃，經由策略執行，終於策略評估。因始於策略規劃，因而在理論上績效管理常結合策略管理，策略管理與績效管理結合，謂之「策略性績效管理」。

依據預算法第 32 條第 1 項：「各主管機關遵照施政方針，並依照行政院核定之預算籌編原則及預算編製辦法，擬定其所主管範圍內之施政計畫及事業計畫與歲入、歲出概算，送行政院。」又依據預算法第 46 條規定：「中央政府總預算案與附屬單位預算及其綜計表，經行政院會議決定後，交由中央主計機關彙編，由行政院於會計年度開始四個月前提出立法院審議，並附送施政計畫。」實務上，行政院主計總處必須擬定「中央及地方政府預算籌編原則」與「中央政府總預算預算編制辦法」，經行政院核定頒布後，作爲各機關擬定年度施政計畫及概算的主要依據。

基於責任政治，施政計畫的撰擬、執行及評估，就是實施政府部門績效管理。在理論上，就是績效管理與策略管理範疇。Henry Mintzberg & Joseph Lampel 共同撰寫的《戰略歷程》（Strategy Safari）一書中，探索了策略管理領域，發現了策略形成有 10 大不同學派，並重新定義了其 1985 年對策略學派的觀點，分別爲：

一、設計學派（design）：使企業的內部情況與外部情況相符。

二、規劃學派（planning）：對環境及策略實施做出分析，以開始正式規劃。

三、定位學派（positioning）：受邁克爾‧波特觀點的影響——策略取決於市場及其行業內的企業定位。

四、企業家學派（entrepreneurial）：策略由領導者驅動。

五、認知學派（cognitive）：深入探究策略家的想法。

六、學習學派（learning）：策略是一個應急的過程，當人們開始了解身處的環境及企業應對環境的能力時，策略便產生了。

七、權力學派（power）：策略源自企業內部及外部的權力遊戲。

八、文化學派（cultural）：策略的形成與文化的社會力量密切相關。

九、環境學派（environmental）：策略取決於所處環境中所發生的事件及企業的應對方式。

十、結構學派（configuration）：策略是轉型過程的一部分。（郝勝楠、王夢妮、劉馨蓓譯，2017）

其中，將 Igor Ansoff 的策略理論歸類為「規劃學派」，特別適用於政府部門重視施政計畫的特質，引進策略管理作為提升政府績效的主要方法之一，這也是新公共管理學派主張政府應「師法企業」所引進的主要借鏡之一。

盛行於民間企業的策略管理，亦可以運用於在公共部門。策略管理在政府部門中的運用，旨在使得政府可運用之有限資源與所處環境做最適調合，並在內外在環境的限制之下提升施政績效。我們或者可以這樣說，在私部門中，策略管理往往是企業在競爭激烈市場中，擊敗競爭對手的各種手段；在公部門中，策略管理則可視為行政機關提高績效，提供更好公共服務的各種行動方案，公部門雖不同於私部門面對市場上競爭對手的碾壓，但行政機關卻要受到另一種形式的壓力，這種壓力來自於社會利益團體、政治團體、立法部門對有限資源的競爭。因此，私部門策略管理的理論或工具亦適用於政府部門（Boyne & Walker, 2010）。

由於政府部門是著重公共目的之公共組織，在責任政治下，立法部門

通常透過行政部門施政計畫內策略目標、策略的執行及策略的成果評估，加以審議，以遂行立法監督。筆者認為策略管理 10 大學派中的策略設計學派、策略規劃學派及後來興起的願景驅動型管理（The Visionary Strategic Management），較適合探討政府部門策略規劃、執行及評估的運作情形。該學派主要的主張，組織願景就是組織目的（Purposes）或使命（Mission）的理想描述，組織只有具備了明確的使命和願景，才能據以務實的績效目標。

隨著愈來愈多的學者關注，並把組織使命或宗旨當作企業策略管理首要制定的工作，使得企業願景對其策略管理的重要性日顯增強。管理者在提到策略選擇時，通常認為策略選擇有如下特徵：一、領導者應該設定使命陳述，說明願景、夢想或是意向；二、領導者須向組織中的所有員工鼓吹使命與願景，並使他們相信這個願景必會實現；三、策略管理需要行動，這包括一個長期計畫，組織循著這個計畫向著目標前進；四、策略管理的目的就是以一種比競爭對手更為有效的方式，使得組織的能力和顧客的需要間得而相互匹配（羅珉，2008）。簡而言之，策略旨在建立行動方案，以促使組織內部能力與組織外在環境，得到最適的動態適配，因此，策略管理是提升組織績效的重要工具。

貳 策略管理的策略規劃學派

依據美國學者史坦納在研究管理學發展史時曾經指出，H. Igor Ansoff 所著《策略管理》，從源頭上闡述策略管理的要旨，了解「我從哪裡來」，知道「我要往哪裡去」。Rick. Ansoff（2007）收錄在 H. Igor Ansoff 所著《策略管理》一書中，名為〈在哲學家墓碑前的思考〉（Reflections from the Philosophers Stone）一文中，對於 Ansoff 這位被定位為策略管理的「規劃學派」，有鞭辟入裡的論述，筆者要特別引用的原因，是因為在我們從中央到地方政府施政計畫的管考制度，所謂的規劃、執行、考核，甚至 SWOT 的分析工具，幾可等同於 Ansoff 的策略管理，若能有一定的了解，會讓讀者

了解主責我國行政機關施政計畫的研考單位，或稱之為政府績效管理制度的實施，助益甚大。該文重點略為（張自義，2014）：

策略管理的奠基人伊戈爾・安索夫主張尋求系統恆定的社會科學知識，並將這些知識系統成功地應用於組織管理實踐中。而他主張的系統動態均恆策略管理基礎，源自於物理學的控制論，該理論研究在於複雜動態系統如何成功運作。所謂控制論（Kybernetik），原意是掌舵人，可將其理解為引導、調節、控制的藝術。

策略管理理論與控制論和複雜動態系統的管理有著密切關係。他認為策略管理是一種權變理論。這種理論認為各種組織，尤其是工商企業的經營要獲得成功，都不能只依靠某種單一不變的理論或方法，而應根據權變理論，綜合考慮組織目前所處環境的複雜程度及其可能發生的變化，然後採取相應措施。

在策略管理理論中，成功的組織是一種動態組織。其內部結構隨其所處環境的變化而變化。組織的最佳結構取決於眾多變化因素，當然，這種現象將來也許會改變。世界變得日益複雜和變幻莫測，他的策略管理哲學主張，任何組織乃至整個世界都可採用動態方法，進行更有效的管理與調控。

綜合而之，安德魯斯與安索夫論述企業經營活動與內部資源匹配的重要性以及策略規劃在經營活動中的指導性作用，從而為策略規劃理論的發展，奠定了基礎。策略規劃首先要收集和分析企業內外部資訊，在此基礎上進行策略的制定、實施和控制，在每個過程中都要使企業內部資源與外部環境相應。理論基礎權變理論，策略規劃的成敗取決於於「內部資源」能否「適應外部環境」的不斷變化，因而策略規劃應該是一個動態的過程。

參 策略績效管理學派

策略性績效管理學派並非純學術的產物，而是源自績效管理實務的需要。Okumus and Roper（1999）所言「……偉大的策略，汗顏的執行。」（... great strategy, shame about the implementation.）這些論述以當代管理學的說法，直指「策略與執行分離」、「規劃與執行脫勾」問題的核心，同時寓意著傳統績效管理的困境，並宣示績效管理學術界與實務界一個新興的研究課題──那就是「策略性績效管理」（Strategic Performance Management, SPMS）。何謂策略性績效管理呢？Wall 認為，策略性績效管理是個調控（steering）組織方向的過程。先藉著有系統性地整合組織使命、願景、策略及目標，並運用關鍵成功因素，關鍵績效指標等，使之可衡量組織績效，使之能採取匡正性行為，促使組織走在正確的軌道上（Wall, 2007）。

SPMS 可以做到：一、長期策略與具體運營目標的整合；二、提供多面向的績效衡量標準；三、為每個面向提供相對應的目標、指標、行動計畫；四、目標之間、或績效指標之間存在明確的因果關係（Gimbert et al., 2010）。簡言之，SPMS 旨在針對向管理者提供多面向的財務和非財務衡量平衡措施，這些措施結合起來後，使得策略轉化為一套連貫的績效衡量的方法（Chenhall, 2005: 396）。

Kaplan & Norton 的「平衡計分卡」是一個落實策略性績效管理學術的實務工具。事實上，Kaplan & Norton 對 1990 年代績效管理的主要批評，就是策略與執行之間欠缺連結；亦即，組織策略與績效指標的衡量間欠缺連結，或者 Kaplan & Norton 認為，如果想要發展一致性的架構來描述策略，首先必須將策略在這個連貫的管理體系中之定位標示清楚。從組織「使命」開始，因使命在界定組織本身存在的理由以及組織內的各個單位如何在宏觀的企業架構下，適切的扮演其角色。伴隨著組織使命的核心價值（core values），和使命一樣具有長期而不變的一貫性與穩定特質。而願景（vision）則描繪出未來的藍圖和方向及所要達成的理想狀態，使組織內的

成員了解他們爲何以及如何貢獻己力，以透過共同的努力，以支持組織願景之實現。在穩定的使命與價值，以及動態的策略之間，願景可說是扮演著重要的銜接的角色；而策略則必須不斷隨著時間演變，以因應現實世界的各種變化情境，「平衡計分卡」爲落實組織之使命，願景及策略之具體行動化系統。

第三章
政府績效管理實務上常用工具

　　1952 年，行政院頒布《推行行政三聯制要點》，展開行政改革。1966年，行政院成立「行政改革研究會」，由政務委員陳雪屏擔任召集人，依據行政三聯制原理，「研究發展、行政規劃、管制考核」來推動行政革新。1969 年 3 月，行政院研究發展考核委員會成立。

　　依據行政學《王雲五大辭典》對行政三聯制的說明，行政三聯制是指計畫、執行、考核三個公務推行步驟密切配合，聯貫一致的行政實施程序。這是結合科學管理的科學辦法辦事方法，是基於「控制」思維的績效管理制度，從而成為中央各部會及地方 22 個縣市政府（含台北市等六都）控管施政計畫的法定機制，雖然中央機關因組織改造，在 2014 年成立國家發展委員會，整合行政院研究發展考核委員會、行政院經濟建設委員會以及行政院公共工程委員會部分單位，仍負責施政計畫的管制考核；而縣市政府施政計畫的管考依舊由名為「研究發展考核委員會」負責，只不過是加上縣市政府官署的名稱，例如「台北市政府研究發展考核委員會」、「新北市政府研究發展考核委員會」等；綜合言之，在我國中央及地方各級政府績效管理實務，率皆以「規劃、執行、考核」行政三聯制為基礎，同時也隨著時間推移，注入新的績效管理思維及方法，陸續引進目標管理、關鍵績效指標、平衡計分卡以及最新目標關鍵結果等績效管理工具，使得我國行政機關施政計畫在績效管理實務上，與時俱進，持續精進，止於至善。

第一節　目標管理

壹　一般敘述

年輕讀高中時，國文課本在《教條示龍場諸生》中，大儒王陽明論及：「故立志而聖，則聖矣；立志而賢，則賢矣；志不立，如無舵之舟，無銜之馬，漂蕩奔逸，終亦何所底乎？」沒有舵的船，隨水漂流；沒有銜的馬，任意奔馳，最終，都同樣是一事無成。每一個都應該訂定人生目標，應該訂定具有挑戰性的正向目標。因而，集眾人而成的組織更應確定奮鬥目標，該確定一個既有高度又切實可行的奮鬥目標。接著，與設定目標同等重要的是如何去執行目標？套一句耳熟能詳的口語：「行動檢驗真理」，我們說：「依據衡量結果，可以校正行動；依據衡量結果，可以調整目標。」即所謂「衡量的什麼，就會得到什麼。」「目標重要性是一切講求績效組織的開始。」「目標明確是一切成就的起點。」正所謂「好的開始，就是成功的一半」。我是成功高中畢業，學校操場中有一條「成功之路」標誌在地面的標語：「走入成功，邁入成功大道」。

人是有目的感的動物，能想出一個計畫並使之實現，是每一個聰明人最大的快樂。人類不僅要為基本生存而戰，更要為更好生活而戰，因而就必須針對此等人生目標做有效管理，謂之生涯績效管理。就人生目標的有效來看，張雨生這位英年早逝的歌者，傳唱的《我的未來不是夢》，每能令人聽之動情，其中一段歌詞寫道：「也不放棄自己想要的生活，我從來沒有忘記我，對自己的承諾，對愛的執著，我知道我的未來不是夢，我認真的過每一分鐘，我的未來不是夢，我的心跟著希望在動。」這首謳歌未來，給人動力，給人方向，給人力量。一位號稱英國目標大師，人生格局構建師的Bran Mayney在《目標的力量》（中譯名）一書中，「指出任何性質的成就，無論大小，最先總要有一個目標。設定目標是一種非常重要生活技能；提高

正確設定目標的能力是未來成功的基礎，有意識地設定目標是一種簡單而深刻的心態與思維方式。」（楊獻軍，2021）

　　績效管理就是一個目標設定、目標執行及目標落實的循環往復，滾動調整、動態均衡的過程。目標管理的概念是 Drucker 於 1954 年，在其名著《管理實務》（The Practice of Management）中最先提出的；其後他又提出「目標管理和自我控制」的主張，使得目標管理的理論更爲完備。就組織績效管理層面分析，Drucker 認爲並不是有了工作才有目標，而是相反，應該是先有目標，才能確定每個人的工作內容，才能做有效地管理，才能有成效。

　　爲了強調先行目標設定的必要性，Drucker 曾說過這樣一段話：

　　　　我們走進一片叢林，開始清除矮灌木。當我們千辛萬苦，好不容易清除完這一片灌木林，直起腰來，準備享受一下完成了一項艱苦工作後的樂趣時，卻猛然發現，旁邊還有一片叢林，那才是需要我們去清除的叢林！有多少企業在市場競爭過程中，就如同這些砍伐矮灌木的工人，常常只是埋頭砍伐矮灌木，甚至沒有意識到要砍的並非是那片叢林（常青譯，2006）。

　　那國毅（2021）在《百年德魯克》（第二版）一書，指出 Drucker 並不輕易應用「哲學」這個詞，這個詞太大了。但目標管理和自我控制卻可以恰當地叫作一種哲學。它適用於各種層次和職能的管理者，適用於大大小小的各種組織。它把客觀的需要轉化成爲個人的目標，通過自我控制取得成就。這是眞正的自由，Drucker 強調管理行爲的結果而不是對行爲的監控，這是一個重大的貢獻。2003 年 7 月，Drucker 獲得美國總統布希頒贈的美國最高榮譽勳章——「總統自由獎章」——美國最高的平民榮譽獎「總統自由勳章」（the Presidential Medal of Freedom），便是獎勵他的三大貢獻之一，就是提出了目標管理理論。

　　大量實證研究證實，目標設定（goal-setting）與員工績效之間的正相

關。目標設定理論的一個核心原則是，具體且具有挑戰性的目標可以激勵員工提供更高水平的績效，非模糊目標或僅僅鼓勵員工「盡力而為」所能比擬（Donne, 2021）相比。目標管理改變了過去管理者單向地監督部屬工作的做法，變成為由主管與部屬共同設立工作目標及績效衡量標準，並儘量授權，放手讓員工努力去達成共同訂定的目標，這種讓雙方協商出一個彼此均同意的績效標準的管理模式，自然形成目標管理及自我控制（李田樹譯，2009：116-117）。因此，企業的使命和任務必須轉化為目標，而管理者應該透過目標對部屬進行管理，當組織最高層管理者確定組織目標後，必須對其進行有效分解，轉變成各個部門以及個人的分目標，然後根據分目標的完成情況對下級進行考核、評價和獎懲。

貳 核心概念

目標管理（Management By Objectives, MBO）是藉由提升員工的承諾及參與，以達成組織目標的一種管理方法策略。目標管理從重視人本管理出發，運用激勵原理，運用參與法則，鼓勵各級人員能親自參與目標設定的過程，將個人目標與組織目標相結合，產生一種共生、共榮的組織承諾感，並透過自我控制及自我指導等管理方式，建立各級人員的責任心與榮譽感，最終目的則是在提升組織績效。歸納其重點，目標管理具有人本管理、參與管理、自我管理及成效管理等重要內涵。

一、人本管理

羅珉（2017）在《德魯克與他的論敵們——馬斯洛、戴明、彼德斯》，對於目標管理植基於人本主義（humanist），有非常精闢見解，值得引用分享給讀者。他說：

> 德魯克在《管理的實踐》一書中，揭示的人本主義的管理
> 思想。事實上，德魯克的目標管理，強調了對科學效率的追求，

與對人性追求的不可分離與整體性。目標管理強調的建立組織管理控制制度，對組織目標和效率的追求中，存在著人本主義精神——員工的自我控制和參與式管理。德魯克認為傳統科學管理學派偏於以工作為中心，忽視人的一面；而行為科學學派又偏向於以人為中心，忽視與工作相結合。目標管理則結合以工作為中心，和以人為中心的管理方法，使員工發現工作的興趣和價值，從工作中滿足其 自我實現的需要。同時組織目標也因員工的自我實現而實現，這樣就把工作和人性二者同一起來。

二、參與管理

為了使組織目標具有可操作性，在員工參與的基礎上，逐級將機關目標分解為組織的內部單位目標；將組織的整體策略目標轉換為每一級內部單位可操作的具體目標，即從整體策略組織目標先轉化為內部單位的目標，最後轉化為個人目標。而且使每個內部單位的員工及管理者，共同參與目標的設置。於是，這種目標管理體系既是自上而下，同時又是由下而上，最終形成一個各層級目標相銜接的目標層次體系。

三、自我管理

公私部門所有組織的使命、願景這些理念性的策略意涵，都必須轉化成可執行的績效目標。組織由上而下將總目標轉化成單位分目標，再轉化成員工個人目標，然後透過員工自我控制及自我管理，確保組織總目標得以確實執行，績效得以提升。最後，組織根據單位目標，個人目標的執行、完成情形，進行考核，根據衡量結果予以獎懲，並反覆回饋。1999 年 Drucker 在《哈佛企業評論》發表〈自我管理〉一文，任何「知識管理者」（知識隨身的人）都是「自我管理者」，能夠自我管理，自我控制及自我領導。他的管理思想體系的核心在於「自我管理」，也是他對人類最大的貢獻；大家所熟知的目標管理，就是建立在「員工自我管理」的思維上，而所謂自我管理有兩層意義：（一）自身的管理；（二）讓員工具備管理者的知識與素養。一旦

具備這兩層內涵，員工自我管理得以實現。目標管理的精義在以「自主管理」取代「強制管理」；以「自控」代替「他控」。目標管理和自我控制是假定員工是一位肯擔負責任的，願意做出貢獻的，願意追求成效的負責工作者。

四、成效管理

在 Drucker 的著作裡，一再強調組織唯一目的就是追求成果或成效。Jeffery A. Khrames 指出：「在《管理實務》一書中提到，管理實務必須要求在每一個決策與行動之中，要將經濟績效擺在第一位，唯有依靠產出（output）的經濟結果，他才能證明自己的存在的正當性；檢驗管理的最終尺度是業務績效。為控制績效，管理者不僅要知道自己的目標是什麼？還必須對朝目標衡量自己的績效與結果，在績效與結果直接影響企業生死興衰的各個方面，都必須確定。」（閻佳譯，2009）綜而言之，Drucker 的目標管理又叫成果管理，離開工作成果，就不是目標管理；因此，目標管理精義是：「先管理目標，後依目標來管理」；亦即管理首要之務在於「設定目標」，這個說法是筆者閱讀的 Drucker 許多著作後，覺得是有關目標管理最經典的描述；也最能夠掌握目標管理的精髓，特別分享給讀者。

目標管理究竟是什麼？在 Drucker 看來，目標管理是一種管理思想，而不是一種管理技術。因此，並未著墨於目標設定的方法或技術。Georgr T. Doran 補目標設定之不足，在《管理評論》中發表的〈用 S.M.A.R.T 方法寫出管理之目的及目標〉（There's a S.M.A.R.T. way to write management's goals and objectives）一文中，提出了「如何撰寫有意義的目標（meaningful objectives）？」的 SMART 原則為，「S」pecific-target：需改善的特定標的；「M」easurable-quantify：或至少建議進步的指標；「A」ssignable-specify：指派由誰主其事；「R」ealistic-state：在可用的資源下，真正可達成什麼狀態？「T」ime-related：何時可以達成呢？但許多績效管理書籍中，將 SMART 原則狹義地理解為「量化」原則，轉變成大家熟知的績效指標訂定

原則，反而不知道 George T. Doran 是在增補 Drucker 的「目標管理思維」，使之成爲可操作性的 SMART 目標設定原則。

五、目標管理的難題

一些研究者批評目標管理說，如果你知道目標，那麼目標管理是能起作用的。然而，90% 的時間裡你是不知道目標的。目標制定得太低沒有意義，而且會成爲發展的阻力；倘若目標制定得太高，超過系統能力的結果，不但是不可能的，而且會產生破壞性的後果。在更多的情況下，企業往往片面追求量化指標而制定了錯誤的目標，比如品質檢查員的工作就不應以其發現次品的多少爲目標。還有一些組織假借目標管理的名義，確定的所謂「目標」已經偏離了自身的使命。比如，將交通警察的收入與其對違規司機的罰款數額掛鉤，將醫生的收入與其處方開出的藥品金額掛鉤等，這些「目標」錯誤地定義了組織的成果領域，使得組織有限資源錯置等，都是目標管理濫用的結果。

六、訂定目標管理的基本原則

引用並運用 Drucker 目標管理的論著多如繁星，筆者閱讀無數相關論述，認爲歐洲著名的管理學者 Fredmund Malik（2019）對目標管理的基本原則（李芳齡、許玉意譯，2019），最具有參考價值，依據我們政府績效管理特有環境系絡，稍加增刪、改寫於下：

原則 1：不要訂太多目標

我們總是訂定太多目標。訂定目標是專注原則最重要的應用之一，專注是管理組織員工的最重要手段，管理者應該不斷思考以下問題：這件事眞的重要嗎？若我們不做這件事會怎樣？管理大師 Drucker 曾說：「高效能的主管先做最重要的事（first things first），至於次要之事（second thing）……」後面的空白是什麼？我做過無數次實驗，多數人都會填上「second」，錯了，正確答

案是：「都不做！」（not at all）。許多人仍然相信做得多就是有益，這是不正確的心態。我們真正應該奉行的箴言是：真正有益之事是做對的事，並且把事情做對，以我們的說法，不要再講「沒有功勞，也有苦勞」。

原則 2：訂定少數但重大的目標

有人以為，訂定較少目標等於做較少的事，就是偷懶的表現，實則不然。我們真正應該奉行的箴言是：訂定少數但重大的目標，也就是重要、且達成之後有實質價值的目標。

大多數人做太多無足輕重的工作，這是有害的，既妨礙發展，又浪費精力；明明做了一大堆事，卻沒什麼成果可展現。組織應該以工作、職務和目標來引導員工，而不是主管；權力、方向和督導的源頭是目標，不是主管。

原則 3：哪些事務已無關緊要？

高效能的人思考的問題是：「我應該停止做什麼、不想再做什麼？」第一步是循序漸進。每年在設定目標時，不僅需要專注力，也能藉此機會有系統地為組織去蕪存菁、使其精實、從內到外進行「排毒」、清出堆積已久的垃圾、為新事物騰出空間。應該鼓勵員工把已無關緊要的事務列出來，「停止做某件事」也是一個目標，重要性不亞於「多做件事無關緊要」的事。千萬不要再說：「沒有功能，也有苦勞了。」

原則 4：量化目標，避免淪為教條主義

要注意，可以量化的目標，都必須量化，難以量化而有必要量化，都必須量化，並且輔以持續追蹤、監管。能夠量化的業務，遠比我們以為的還要多，切莫畫地自限。多數人總是放棄得太快，幾乎沒有努力思考其可能性，就放棄量化的努力；部分原因是，除了受過科學或專業技術教育的人之外，多數人因為從未學習如何有系統地做量化工作，因而以為許多東西是無法量化的，

因而，記得量化一件業務，是可以學習；勉力而量化，是可以做到的。

此外，反對量化的另一個原因是缺乏想像力，成功地把過去從未被量化的東西加以量化，正是高度創意的最佳表現。在目標量化方面，起碼要做到時間的量化，亦即任何目標都必須有完成期限。

我在此強調的是「量化」，而不單是測量。控制論先驅史塔福德・貝爾（Stafford Beer）所言極為貼切：「量化遠比記數重要。」在量化方面，我們應該盡一切可能，超越我們通常認為不可能超越的限制，這點雖然很重要，但也不應把量化工作變成教條。

我們往往被以下信條所困：任何無法量化的東西，都是不重要的東西，因此不值得注意。這種刻板印象對任何組織來說極端有害，是全然的誤解，哲學界稱此為「假科學」。就像走鋼索一樣，我們應該留心，儘管應該盡可能把目標量化，但也不能過分偏重量化，忽視了其他同等重要、但無法量化的東西。

無論如何，我們必須要求員工力求精進，就算在不可能做到狹義的量化時，也仍然可以力求精進。關鍵問題是：「在下一期結束時，我們應該以什麼為衡量基礎，研判自己是否往目標的邁進？」因此，我們必須訓練人員盡可能精確敘述期望的最終結果。此處的訣竅是，要求以未來完成式敘述目標，例如不要說：「我們想達成什麼？」（What do we want to achieve?）而是說：「屆時，我們做到了什麼？」（What will have been achieved?）

原則 5：資源配置

我建議，我們不僅應該要求員工訂定目標，也得要求他們說明為達成這些目標，可能需要哪些重要資源。首先，這麼做有助於改善他們對組織的事業、活動，以及內部運作的了解。其次，也符合企業家的全方位思考模式。沒有一位企業家（至少，沒有

一位成功生存的企業家）不同時思考這三項要素（目標、資源和手段）。這是訂定務實目標的唯一方式，我們真正需要的是務實的目標。

拿破崙是資源規劃高手，每當他的將領呈報雄偉的進攻策略時，他總是把背靠向椅背，思索有關資源需求的問題，例如，這些策略需要用到多少匹馬。通常，將領們對此問題的考慮不足，但考量資源的工作不能留給部屬去做，因為戰爭的命運正取決於將領的決策。

原則 6：明確責任歸屬，由個人負責而非團隊負責

每個目標都要有一個專門負責人，扛起責任。至於這位負責人是否需要一支團隊或小組來執行目標，那是另一回事，通常由負責人決定（若他夠勝任稱職而做出決策的話）。無論如何，目標必須由一個人負責，而不是團隊負責。在組織中，目標的最重要功能之一就是將責任個人化。

原則 7：對全體員工或特定員工訂定目標？

在管理議題方面，人們往往過度偏重平等待遇的觀念，卻對此觀念欠缺正確了解。一般普遍抱持的看法是，若對某些員工訂定目標能夠有助於目標達成的話，同理也應該適用於全體員工，於是管理階層也開始對警衛和兼職人員訂目標。這通常導致荒謬的情形，使得目標管理變成鬧劇，失去可信度。

當然，我不排除警衛也需要重要目標的情形，例如當組織安裝了新的保全系統後，警衛必須學會操作此系統。不過，警衛通常不需要有目標，就能稱職地執行工作。因此，我們必須審慎考慮應該／不應該針對哪些員工訂定目標，這是個重要的管理決策，且每年將會有所變動。

原則 8：處境愈困難，目標的期間愈短

一般都是針對年度目標去管理。然而在艱困的境況下，例

如企業力圖扭轉頹勢、救援行動、企業購併行動或管理危機等，我們有時得訂定必須在較短期間內達成的目標。一般來說，組織處於愈困難的境況，目標的時間架構應該愈短，在一些極端情況下，甚至必須訂出每週、每天或甚至更短時間的目標。

原則 9：必須明確寫下目標

很多經理人不喜歡把特定事項寫下來，認為這是形式主義的繁文縟節。在某些情況下，的確是如此，但對目標管理來說，每個人的目標最好都能盡可能精確地以書面記錄。這並非意味著得做更多事（如同我們在一般的目標管理中所見到的情形），相反地，這麼做有助於省去更多麻煩，避免可能發生的誤解、錯誤及溝通問題。再者，為了後續的績效評量，絕對有必要以書面記載目標。這項工作並不需要花費多大工夫，通常只需要一頁紙就夠了。

原則 10：以參與方式形成共識

應該盡量以共識決方式來訂定目標。我們知道採行這種方式有助於激勵人員：讓人們從一開始就參與其中，他們會更可能盡全力執行此事。合作式管理幾乎總是優於獨裁式管理，在某些情況下，合作式管理無法達成任何成果，重點應該擺在管理本身，「參與」往往被視為目的，其實只是手段，其最終目的並不是讓人們覺得自己有發言權，而是要使承擔責任變成工作的一部分。

目標為人類的工作提供方向與意義。每個組織都需要目標，目標的管理工作及其對組織的效能有極大影響，若不適當執行這項工作，就無法彌補其後果。目標的管理也影響每個人的工作效能，而且不限於企業界。工作有無績效，必須以目標作為評量依據，若未訂定目標，我們就無法談績效。目標為人類的工作提供方向與意義。

參　在地案例分享

　　政府部門有沒有真正以目標管理為方法，以落實國家政策的機關嗎？答案是「有」。行政院人事行政局（即現行的為行政院人事行政總處），在1993年間陳前局長庚金主政時，推動目標管理是當時行政機關僅見，係首長自行引進，所展現出對施政績效，高度責任感所致。筆者時任該局第四處第一科科長，主辦全國軍公教人員（含經濟部、交通部及財政部所屬事業機構員工待遇制度國營事業）待遇、獎金等政策規劃事項。因之，得幸參與人事局實施目標管理的實務作業，獲得許多寶貴的經驗。

　　人事局推動目標管理的做法及成效，見諸於1995年向行政院連院長到局巡視的書面報告《行政院人事行政局工作報告——以目標管理推動人事行政革新》的歷史文獻中，該報告提及：「本局實施目標管理，係秉承院長有關人事政策的指示，作為本局努力的總目標，透過各級人員均參與的目標設定會談，訂定年度總目標（包括處室、科組主管目標，並將之繪製完成各年度目標管理體系圖）。上述體系圖（圖3-1）經分別懸掛於各級主管辦公處所，以隨時提醒同人注意辦理，執行過程中，並可促使其主動自我追蹤管制；每半年則由下而上，逐級檢討辦理成效。

　　各項目標「已完成」、「正常執行中」或「進度落後」者，分別以綠色、黃色、紅色予以標示公布。到了年度終了，再對各項目標的執行成果，做綜合檢討，考核結果則作為評定團體績效與個人年終考績的依據。總計近兩年度，「1994年度應完成目標104項；1995年度應完成目標133項。執行結果除極少數因涉及院外權責，或需協調溝通延宕外，其餘均已完成，並達到原設定目標，成效上稱顯著」。

　　人事行政局推動目標管理的做法，係遵循且能「契合」Drucker目標管理的要旨：「將執行視為如何將策略轉化為行動方案的過程，可將之視為策略目標後，將之作為一種總目標、總任務、總要求，可以分解成一些具體的目標、具體的任務、具體的要求，確立一個明確而具體的目標，讓這個目標

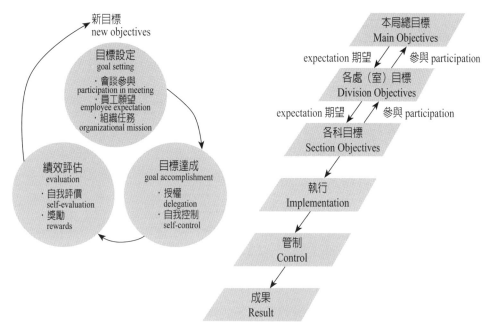

圖 3-1　行政院人事行政目標管理系統圖

資料來源：行政院人事行政局簡報（1995）。

成為企業所有員工的共同目標，其最大使命就是指引企業行駛在正確的道路上。」筆者有個心得，那就是「理論與實務是可以結合的，理論引導實務，實務驗證、修正理論；理論如果沒有落實或許是我們沒把理論學好」。請各位讀者參考。

第二節　關鍵績效指標

壹 一般敘述

　　每一個非營利組織或政府機關裡，領導有方的主管都要先回答以下的問題：本機關的績效要如何界定？關鍵績效指標為何？以醫院急診室為例，駐院醫生看診的速度算不算是一種績效？心臟病患病發後幾小時的活命率呢？

教會又有該有什麼績效呢？有些人可能只注意參加禮拜的人數，但是也別忽略了教會對社區的貢獻。兩者都是衡量績效的好方法，但是卻會導致教會經營手法的極大差異（余佩珊譯，2004：1105）。

所謂關鍵績效指標（Key Performance Indicator, KPI）係指組織為衡量其策略目標執行成效之那些具「少數、重要且可操作性」的「關鍵性」績效指標，這些指標係將組織策略目標經由組織層級結構由上而下，經過層層「轉化與連結」所建立的績效指標體系，其目的在建立一種制度化的控制、監管機制，持續透過內部活動及程序之調控，俾提高組織的績效。用一句最簡單的話：「抓重點，講績效，就是關鍵績效指標。」KPI 的精髓是指組織所訂定績效指標，必須與組織的策略目標緊密連結，但多數行政機關績效管理實務卻常忽視這個重要的關鍵。

進一步言之，要明確貴機關所明定的關鍵績效範圍是什麼？然後，運用各種衡量方法，訂出標的值，俾以標記關鍵範圍的執行績效。因此，一個 KPI 包含：度量、標的值及項目名稱，項目名稱包含：度量標的值。質言之，KPI 定義出貴機關的關鍵事物外，且使之易於監管執行情形。例如，目標：您試圖實現的目標，例如改善健康，那麼，關鍵績效指標：幫助您了解您是否達到結果的措施，例如血壓、膽固醇、體重的數值等。

如前所提，美國總審計局對績效評量（Performance Measurement）的定義：「績效評量是對一件計畫完成情形持續監測和報告，特別是在實現預先設定的目標。它通常是由制定該計畫者或負責的機構管理之。」進一步說，績效指標可用以表徵檢討修正計畫活動的類型或水準（過程指標），該計畫推動產生的直接產品接產品和服務（產出指標）和／或這些產品和服務的結果及其影響（成效指標）（Franceschini, Galetto, & Maisano, 2019）。績效衡量概念就是所謂「衡量什麼就得到什麼；你無法管理過程，除非你能衡量它。」（you get what you measure and you cannot manage a process unless you measure it.）績效指標是理解、管理和改進組織活動的工具（Eccles, 1991）。有效的績效指標，可以讓我們了解：

• 我們做得如何？
• 我們有在實現目標嗎？
• 我們有讓客戶滿意嗎？
• 我們的流程有受控嗎？
• 我們還要或在何處需要改進流程？

貳 核心概念

Drucker 曾說過「如果你不能衡量，那麼你就不能有效改善。」西方學界有個證明績效管理很重要的邏輯，筆者引用如下（Halachmi, 2002）：

如果你不能衡量它，你就沒有理解它。

（If you cannot measure it you do not understand it.）

如果你不能理解，你就無法控制它。

（If you cannot understand you cannot control it.）

如果你無法控制它，你就無法改善它。

（If you cannot control it you cannot improvement it.）

如果他們知道你打算測量它，他們就會完成它。

（If they know you intend to measure it, they will get it done.）

如果不衡量結果，就無法分辨成功與失敗。

（If you do not measure results, you cannot tell success from failure.）

如果你看不到成功，你就無法獎勵它。

（If you cannot see success, you cannot reward i）

如果你不能獎勵成功，你可能獎勵失敗。

（If you cannot reward success, You probably rewarding failure.）

如果你不承認成功，你可能無法維持它。

（If you will not recognize success you may not be able to sustain it.）

　　如果你看不到成功／失敗，你就無法從中學習。

（If you cannot see success/failure, you cannot learn from it.）

　　如果您無法識別失敗，您將重覆錯誤並不斷浪費資源。

（If you cannot recognize failure, you will repeat old mistakes and keep wasting resources.）

　　那麼，如何做好績效衡量呢？最容易衡量業務績效的就是績效指標，這句話很重要；建立某種客觀而具有公信力的基準去評量業務績效，這個客觀而具有公信力的基準就是績效指標。建立績效指標的評量基準，是對同一機關的內部單位間做管理，對於不同機關間進行比較的最佳尺度、業務成果的基準，包含三個要素：聚焦、具體、可測量的。而關鍵績效指標則加了一個意謂「少而重要的」關鍵要素。因此筆者認為關鍵績效指標是指聚焦於少數而重要關鍵的、具體的、可測量的，可運作衡量組織成果的基準者。簡言之，關鍵績效指標，具備兩個要素：一、關鍵性；二、成果導向的績效指標。該指標會對組織或民眾直接產生深遠影響的指標。要增進績效，首先應該確定的就是「成果」，若一開始就確定產出成效，績效的整體方針也隨之決定。

　　有效的指標使讀者了解：一、我們做得有多好；二、我們是否實現我們的目標；三、我們的客戶是否滿意；四、我們的處理是否在控制之中；五、處理過程哪個階段需要改進。我們該如何選擇關鍵績效指標呢？我們要選擇的指標要有「直接利益」或是與利益有明確的因果關係者，而這樣的因果關係，若能有數據支撐，若能量化，那就再好不過。每一個績效指標都存在著問題，指標會影響員工的組織行為。

　　因此，我們必須小心翼翼的注意，我們所訂定的績效指標，是否會對員工績效行為形成正確的指引？舉例來說，精準的體重機並不能讓人們減肥成功，但它能作為正確的指標，指引您減肥。Intel 前總裁 Andrew Grove 在

〈格魯夫給經理人的第一課〉（中譯名）（High Ouput Management）一章中，對於指標的設定，很具有啟發性。他說：「我們不僅要辛勤工作，還要懂得如何工作。你如果要你的公司正常運作，最好先設下一套績效衡量。績效指標是要管好你的產出（output），你首先得要設下一些指標，要做到高效產出，你要用什麼指標，如果指標設定得當，你就通常能在問題沒變得太嚴重之前，將其解決掉。所謂的『結果導向管理』（output-oriented approach management）。」（巫宗融譯，2007）

參　避免關鍵績效指標的誤用與濫用

　　績效指標是績效管理實務的重中之重，它是一把利劍，同時也是一把雙刃的寶劍。運用得當，它是落實績效管理的利器，但誤用濫用，它也可以成為殺傷績效管理的凶器。因此，要先了解誤用績效指標可能造成的傷害。在〈績效衡量及其負功能：數量化工作的黑暗面〉一文（Grizzle, 2002: 364-366），透過一些案例探討政府部門在以量化的方式，衡量其績效時所產生的負面及非預期結果，亦即探討政府在衡量成效（outcome）、衡量顧客滿意度、衡量工作量及衡量效率等所產生的非預期結果。在衡量成效面時會產生「作弊」、「做假資料」（falsify performance data）和「避重就輕，挑輕鬆的事做」（creaming）等的負功能；至於顧客滿意度衡量的負面功能是調查常受到人為因素的操縱；當工作量的衡量會產生「定義滋生」（definition creep）或者「降低品質」（lowering quality）的非預期結果，前者係指衍生一些額外的工作負擔。最後，測量效率，反而產生非效率的負面情形。例如，為了降低成本，該機關應辦事項，授權所屬或分散由其他機關辦理，表面降低成本，其實毫無改善，甚至更添不效率的情事。曾針對過分強調量化工作的黑暗面，提出一般性的處分暨特定的處方，其中有一道處方是在測量的過程中加入一些設計。例如，除了測量某一業務的產出量或所提供服務之成本外，同時佐以測量該業務的品質及成效。

荷蘭計量經濟學家 Sanne Blauw 提到，在英國，醫院的急救中心有一條規定：每一位病人的診治時間不能超過四個小時。爲了應對這條規定，醫院內部進行了大範圍的調整。人們待在救護車裡的時間愈來愈長，爲了不超時，總是搶在截止時間前的最後一刻才去登記。從數字上來看，醫院的服務品質的確提高了，但在現實中則是更加可悲了。或許，急救中心的等待時間對於醫院的服務品質來說，曾經是一種好的解決方法。但時間一長，數字就變得沒那麼有用了。如今我們一次又一次地看到，人們在某些情況下總能找到各種方法操縱數字（馮皓珺譯，2021：51）。

肆　做好關鍵績效指標的基本功

績效管理一直被誤解、誤用和濫用，從而影響了組織應有的發揮。如何斧底抽薪破除績效管理迷霧，Parmenter（2012）提出一個非常具有啓發性模型，該模型有五個基石，筆者摘陳於下：

基石 1：了解人類行爲

每一項措施都可能有暗黑面，即負面效果。爲了確保措施發揮正面作用，我們必須了解人類行爲的正負兩面，才能知己知彼，將績效衡量（指標）的陰暗面降至最低。關鍵是，訂定績效指標時要提高警覺，思考人類行爲，績效指標扭曲的可能性。

在 Dean Spitzer《轉型績效管理》（Transforming Performance Measurement）一書，有許多績效負功能（dysfunctional performance）的案例。當績效指標訂爲結案量時，經驗豐富者會優先挑選簡單業務，將複雜的業務留給菜鳥。另有兩個經典案例：

1. 澳大利亞將城市鐵路服務的績效指標訂爲：「到站的準時率」，並處罰遲到的火車司機，最後，導致司機爲了準時而過站不停；
2. 有一家英國公立醫院的急診部門正在衡量患者的及時治療情況，

將績效指標訂爲：「患者到達急診室即時治療率」。護士們產生
爲應付績效指標的偏差行爲，於是，護士們推遲了救護車卸下病
患的時間，直到他們看到它們實現了零時差，可以開始治療時才
讓病患離開救護車，進入急診室。在實施這項措施後的幾個小時
內，救護車停滿了，救護車就在醫院周圍盤旋。最終，使得救護
車在其他事故中遲到。

基石 2：關注典範移轉者的知識（Drucker、Collins、Welch、
Hamel、Peters、Waterman 等），並將其知識運用於績效管理實務
之中。

基石 3：採取適當的策略

正如讀者在愛麗絲夢遊仙境中，閱讀到：「如果你不知道
你要去哪裡，儘管路終歸有去處，只是走哪一條路，已經不重
要。」Drucker 強調，組織擁有正確策略的重要性，在政府和非營
利機構組織的運作，不重競爭，協作（collaboration）更是績效管
理良痊的關鍵，誠如 Drucke 所強調的，任何組織幾乎可以通過協
作，實現所有功能。

基石 4：所有員工必須確知組織的關鍵成功因素

員工必須確知組織的關鍵成功因素（按，子曰：「譬如北辰，
居其所而眾星共之」），這是有效實施績效管理的前提。然而，
令人覺得有趣的是，這個前提並非普遍存在，若每位主管人員未
能確知組織關鍵成功因素。於是，會把自己認爲重要事物，當成
組織重要的事物，亦即，這種「自是其是」的本位偏執，就會在
組織中產生許多相互衝突的行爲。

基石 5：揚棄行不通的流程

當斷則斷，該抛則棄，才能聚焦少數而重要的關鍵事物之
上。如 Drucker 所強力主張，「揚棄是變革的泉源。」

第三節　平衡計分卡

壹　一般敘述

　　Kaplan & Norton 的平衡計分卡，從 1990 年代發軔迄今，歷久彌新。該制度能夠從績效衡量制度蛻化為策略的行動方案，應該是主要的原因之一，這在二位作者 2001 年所發表《策略核心組織》（The Strategy-focused Organization）一書指出：「數年前當我們開始發展平衡計分卡（Balance Scorecard, BSC）時，其著眼點在於解決企業的績效衡量問題，而非關策略。當時我們指出，企業過度依賴財務向度的指標將導致無法朝正確的策略正向發展。……。為了找出能夠衡量企業在未來的績效表現的驅動因素與領先指標，平衡計分卡進一步跨越『績效衡量』的層次，直接進入『策略的衡量』。……。儘管一開始時我們並未預料到此一層面的應用，平衡計分卡卻迅速的發展成為協助企業執行策略的利器——可以用來讓那 90% 執行失敗的策略起死回生。」（遠擎管理顧問公司譯，2002）

　　一個能夠轉化策略為行動方案的績效管理制度為何？這是所有管理學者前仆後繼試圖解答，而一直都未能解決的問題。Robert Kaplan 在接受一篇名為〈平衡計分卡的未來：訪問卡普蘭教授〉（中譯名）專訪中指出（De Waal, 2003: 31）：

　　　　高階管理階層所發展之願景、策略與第一線員工日常業務間存在著難以跨越的鴻溝。早在五十年前左右，Peter Drucker 提出目標管理概念時，就已經注意到這個問題的。但是，當時一直苦無良策得以跨越此一鴻溝。此一鴻溝在 1970 年代益為明顯。首先，Michael Porter 以及著名的管理顧問公司 Boston Consulting Group 自高階主管角度，發展出高階主管策略的理論與實務；同時，也

有從員工的角度，透過全面品質管理、授能（enpowerment）等管理方法增進員工的績效，管理員工日常業務。然而，無論是實務界或理論界均未能致力於架構前述二個層面間的橋樑。而平衡計分卡的特色就是將願景、策略與員工日常活動結合起來，俾使抽象的策略轉化為明確的行動方案及具體的目標。

　　因此，他們認為所有成功實行平衡計分卡的企業都呈現五大共同特質，或稱之為建構策略核心組織的五大基本法則為：一、將策略轉化為執行面的語言；二、以策略為核心整合組織資源；三、將策略落實為每一位員工的日常工作；四、讓策略成為持續的循環流程；以及五、由高階領導帶動變革（遠擎管理顧問公司譯，2004）。

貳　核心概念

　　談論平衡計分卡的著作多如過江之鯽，各位讀者可以自行參閱，筆者從一個過來人的摸索過程，分享我對平衡計分卡的理解，並用一個例子來說明，看看讀者能否掌握平衡計分卡的精要，並能運用。國內引進平衡計分卡的公司及政府部門也非常多，民間企業引進的情形，筆者沒有研究，不敢多言。

　　但筆者卻可以這麼說，政府機關引進平衡計分卡這個管理工具，真正付諸實現，且運作良好者，台北榮民總醫院是箇中翹楚。該制度能真正落實，得力於該總醫院績效管理組組長陳雪芬君，陳君也以該案例，撰寫名為《平衡計分卡績效管理制度成效評估研究——以大型教學醫院為例》的論文（陳雪芬，2013），獲得博士學位。筆者之所以稱之為「真正付諸實現，且運作良好者」，是因為該總醫院將平衡計分卡與總醫院的成本會計結合成「平衡計分卡資訊系統」，使其策略地圖中的各項績效指標，透過燈號的警示，進行及時有效的監控。陳君在做總醫院實施平衡計分卡經驗分享的 PPT 簡報，

歸納出平衡計分卡的幾項特色分別爲：一、聚焦；二、平衡；三、整體；四、可衡量；五、行動：（一）策略化爲行動；（二）策略化爲結果。筆者覺得很有參考價值，不敢掠美，以其爲骨架，結合自己的體會，分享如下：

一、主要內涵

（一）聚焦化

「什麼都想做得到，什麼都得不到。」機關的資源是有限，環境中的有利不利因素雜沓而至，面對這種情境，就必須聚焦。前美國海軍海豹突擊隊狙擊手 Brandon Webb 在退役後的一次創業以失敗告終，Webb 由此意識到，成功的企業家必須具備的一項關鍵技能，實際上正是他在海豹突擊隊的訓練和作戰經歷中業已掌握的技能，並寫成《聚焦：高壓環境下精準決策的行動指南》一書，在該書中指出，「準星聚焦」找到優先順序最高的重要目標（王敏譯，2019），其實「聚焦」就是「80/20」原則的意涵。Kaplan & Notorn 認同聚焦的重要性，且認爲一個企業要能夠基業長青，永續經營，必須聚焦在四個面向：

　　　　我們在股東眼中眼青有加嗎？（財務的面向）（financial perspective）：檢視組織的財務績效和各項財務資源的運用狀況。
　　　　顧客如何看待我們（顧客的面向）（customer perspective）：從客戶或關鍵利益相關者的角度來檢視組織績效。
　　　　我們出類拔萃之處爲何？（內部的面向）（internal perspective）：從程序（如降低成本、縮短作業流程、提高產量、降低錯誤率）、服務或其他關鍵業務流程（如簡化內部流程的措施，例如員工招聘政策、居家辦公等等相關角度，來檢視組織績效的品質與效率。
　　　　我們能夠持續改善並創造價值嗎？（創新及學習的面向）（innovation and learning perspective）：檢視與組織重大績效的關

鍵性人力資本（如員工敬業度、高績效員工的留任率、員工技能的提高率等）、基礎設施、技術、文化和其他能力。

（二）平衡化

「平衡計分卡」的「平衡」一詞的要旨在企業追求經營績效時，除了需聚焦於大家習以為常的傳統財務績效外，還要考慮以策略的整體觀，聚焦於其他面向，以獲得更「多面向且平衡」的績效觀點。因此，平衡計分卡的概念已經超越了單一觀點，它是一個關注「整體策略」的策略管理方法。運用平衡的思維後，有一個關鍵好處是，它為組織提供了一種在策略規劃和管理的各個績效聚焦面的「連接點」，這意味著機關的管理階層及員工在落實各種策略規劃與行動方案之間，存在著「明顯的聯繫」，而這些「明顯聯繫」的項目包含：各項關鍵績效指標（KPI）、策略目標以及組織的使命、願景和策略等項目，更重要的是每一項目指向組織的成功。推動 BSC 要注意「平衡」這個概念，進而以「整體」來關照整個組織。要注意的概念如下：

1. 平衡「短期」與「長期」指標：不但要重視短期的財務指標，更要重視顧客、創新及學習面向。
2. 平衡「外部」和「內部」指標：財務是內部指標，更要注意顧客的外部指標。
3. 平衡「財務」與「非財務」指標：除了傳統上，要重視財務指標外，有要重視顧客、內部與創新及學習等非財務構面。

一般所謂的「領先指標」（Leading indicator）與「回顧指標」（Lagging indicator），因為這是 BSC 的特色，也是比較需要解釋的部分。而且若外文翻譯過來，或翻譯「回溯指標」成或「回顧指標」，都詞不達意。筆者斟酌再三，成語「瞻前顧後」，可用來表達 Norton & Kaplan 所強調 Leading indicator 與 Lagging indicator，可分列翻譯成「瞻前指標」（Leading indicator）與「顧後指標」（Lagging indicator），再依據語文習慣美化「前瞻指標」（Leading indicator）與「後顧指標」（Lagging indicator），應較

符合「信、雅、達」翻譯原則，故採之。前瞻指標在預測未來，掌握機先；後顧指標在檢討過去，預防未來。

　　Norton & Kaplan在1992年提出平衡計分卡時，即強調它是一種「平衡」前瞻指標和後顧指標間績效管理制度，前者是組織的驅動因素，後者是組織是抑制因素，就如同開車時，油門與剎車的裝置。讀者要特別認知，BSC在本質上是強調落實策略的制度，它的指標也是朝著「策略的落實」來設計。組織用之收集相關數據、衡量數據，使組織得以進行有效的決策，提升組織績效。後顧指標是指那些維持、平穩績效的指標，它在衡量過去已決定的成效。前瞻指標與後顧指標間關係密切，不可偏廢。舉個例子，來突顯平衡前瞻指標和後顧指標的重要性，如果把經營公私營組織的績效，當成「開車」一般，您開車時需兩眼專注直視前方、未來，所專注的就是「前瞻指標」，可以從擋風玻璃所觀察到的前面的路；而顧後指標就是從「後視鏡」，要把車子開好，除駕駛除必須眼觀前方「擋風玻璃」所觀察到的各種事物之外（前瞻指標），還要隨時透過「後視鏡」觀察後方擋風玻璃的各種事物顧「後顧指標」。

　　如果套用BSC的用語，主動式指標就是前瞻指標，而被動式指標就是後顧指標，前瞻指標在預測未來，掌握機先；後顧指標在檢討過去，預防未來。而具體的前瞻指標就是「重大事故和該如何監視製程安全績效建立關鍵指標參考指引」。而具體的後顧指標就是：「降低職災事件的數量、職災賠償費用、職災的發生率、受傷或生病的發生率。」

（三）整體觀

　　在引介BSC的期刊論文，常借用開車的隱喻。如前所述，要把車子開好，駕駛除必須眼觀前方「擋風玻璃」所觀察到的各種事物之外，還要隨時透過「後視鏡」觀察後方擋風玻璃的各種事物。同時，也要關照駕駛台上的數位儀表板的一些重要讀數，如速度、溫度、油量等。用一種「整體」的視野，眼觀四面，耳聽八方，以保行車安全。BSC側重整體觀，而且具體

的提出「策略地圖」的管理工具，平衡計分卡與其他績效管理系統的真正區別，在於因果關係的概念，這種因果關係呈現在一張圖表之上，此稱之爲策略地圖，而所謂策略地圖是組織策略組成部分以及公司財務、客戶、內部流程和學習與成長觀點（如平衡計分卡所述）之間關係的可視化，如圖 3-2。

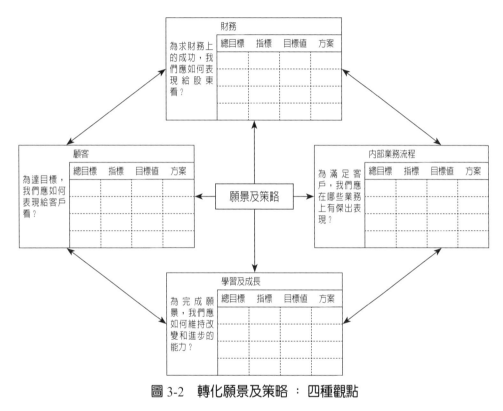

圖 3-2　轉化願景及策略 ： 四種觀點

資料來源：高翠霜（2000）。

　　策略地圖將策略計畫轉化爲可行動化、可測量的目標（Strategy Maps translate strategic plans into actionable, measurable goals）。一張策略地圖是一張可視覺化的圖示，可以將組織願景轉化爲可行動化的財務、顧戶、內部，和學習及成長目標。策略圖示的技術旨在幫助管理團隊更詳細地探索和討論策略。策略地圖可幫助相關人員制定使命、願景和目標以及解決這些問題的行動方案，並了解他們在執行過程中可能面臨的各種挑戰。策略計畫旨在爲

組織提供廣泛的方向感，但不一定包括執行藍圖。爲了在策略規劃和執行之間創設一座橋梁，組織需要一個策略管理系統，需要一種定期審查績效並適應持續變化環境的方法。策略地圖通常由一組 15 到 25 個因果關聯的策略目標構成。每個策略目標都將包含要完成的重要項目以及要擅長的流程或能力。它還將包括其適當的 KPI 指標和目標，重點是 KPI 衡量基準，此一基準應依據組織的獨特需求，量身定制。

　　策略地圖是一種強大的策略規劃方法，透過視覺化的方式，在一頁紙上看到整個組織的所有策略，且呈現出各個策略間的因果關係。透過圖示的技巧，使得管理團隊能夠比平時更詳實地探索及討論策略，它有助於各組織能夠發展出更有效且可以付諸執行的各種策略。此外，策略地圖有助於相關人員發展出使命、願景、目標及行動方案，以及推動的過程中可能面對的各種挑戰，如圖 3-3。

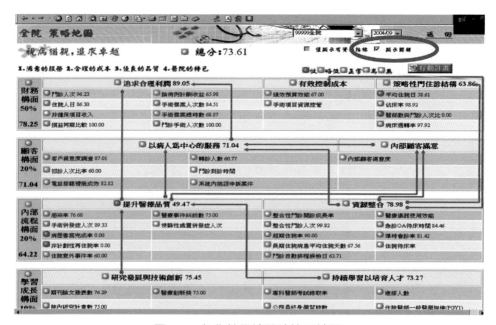

圖 3-3　台北榮民總醫院策略地圖

資料來源：陳雪芬簡報資料。

（四）可衡量

Kaplan & Norton 在他們平衡計分卡相關著作中，所謂記分卡就是量化，而強調衡量項目一定要能夠量化，雖然如前所述，國內學者湯明哲（2004：14）認為平衡計分卡一系列專書強調「如果你沒辦法衡量，你就沒辦法管理」，是值得商榷的。忠於原著，本書還是強調可衡量的特色。

（五）行動化

各位讀者還記得在前面，筆者提到在績效管理理論領域，有一派稱之為策略績效管理學派，Ohumus & Roper（1998）所言：「……偉大的策略，汗顏的執行。」（... great strategy, shame about the implementation.）這些是「策略與執行分離」、「規劃與執行脫勾」的問題，同時寓意著傳統績效管理的困境，並宣示績效管理學術界與實務界一個新興的研究課題，那就是策略性績效管理（Strategic Performance Management）。在績效管理實務領域中，Kaplan & Norton（1996: 75）的平衡計分卡是一個落實策略性績效管理學術及實務的基石。讀者要特別注意，除了眾所皆知聚焦於四個構面及間的平衡性、策略地圖的整體觀外，更重要而為多數人所忽略之處，有二點：1. 如何將策略化為行動；2. 策略如何化為結果。Kaplan & Norton 在 1996 年發表《平衡計分卡：將策略化為行動》（The Balanced Scorecard: Translating Strategy into Action），書名如此，其宗旨為何？勝過千言萬語。

二、實施步驟

讀者一定要謹記在心，平衡計分卡與一般管理工具不一樣的地方，就是側重策略的評量，那麼如何將「策略化為行動及策略如何化為結果」呢？他們建構了一套「公司如何建立一套策略管理制度」的作業程序，分為以下四個管理策略流程。這個流程具高度操作性，讀者可依樣畫葫蘆（高翠霜譯，2000）：

（一）第一項流程：轉化願景

幫助經理人在組織的願景及策略上建立共識。無論高階主管的立意有多

好，模糊的使命宣言，像是成為「同業中最優秀」、「第一流的供應商」、或是「完全授權的組織」等，很難轉化為營運用語，因此無法對基層的行動提供有用的方向。對於要照著願景及策略宣言而行動的人來說，這些宣言必須以一套整合的目標和指標來表達，作為成功的長期推動力，而這整套目標與指標須經全體高階主管的同意。

（二）第二項流程：溝通及連結

讓經理人能在組織中向上及向下溝通他們的策略，並將策略與部門和個人的目標連結。傳統上，部門績效是以財務績效來衡量，而個人的獎酬制度也建立在短期的財務目標上。計分卡提供經理人一個方法，讓組織內各階層都了解長期的策略，也讓部門、個人的目標與長期策略一致。

（三）第三項流程：業務規劃

這使公司能整合業務及財務計畫。幾乎現今所有的組織都在推動一大堆改革計畫，各有其成功範例，也都有管理大師和管理顧問大力鼓吹，瓜分了高階主管的時間、能量及資源。經理人發現，要整合這各式各樣的方案來達成策略目標，是相當困難的，因此常常讓人對這些計畫失望。但是，如果經理人將其雄心勃勃的策略目標，作為平衡計分卡的指標，用來決定資源分配及設定優先順序，他們就能探行、整合那些可以幫助他們達成長期策略目標的方案。

（四）第四項流程：回饋及學習

使公司有能力從事所謂的「策略學習」（strategic learning）。現行回饋及檢討流程的重點，集中在公司、部門或員工個人是否能達成財務預算目標。有平衡計分卡作為管理制度的中心，公司可以由其他三種觀點：顧客、內部業務流程、學習及成長——來監督短期的結果，同時以最近的績效來評估策略。計分卡因此讓公司能修正策略，即時反映學習的成果。

三、案例解說

　　平衡計分卡最大特色為：財務、顧客、內部業務流程，和學習及成長等四大構面間的平衡及相關性。筆者在各個訓練場域，分享平衡計分卡時，曾經費心設計了有趣的例子，受聽學員聽完以後多表示，講座的說明不但淺顯易懂，且終身難忘，筆者將訓練課堂上的案例，轉換成文字，分享給讀者。

　　2008 年 2 月 23 日在網路上看到一則，作者魏國金取自英國《每日電訊報》的一篇短訊，標題為：「日本老人國！東京迪斯尼，轉攻銀髮族商機。」大撈銀髮族銀彈，東京迪斯尼樂園推出「與米奇共舞」等多項活動。在成功吸引孩童進入「神奇王國」二十五年後，東京迪斯尼樂園現在不得不屈服於日本高齡、少子化的現實：老鼠米奇決定大撈銀髮族的「銀彈」。東京迪斯尼樂園與迪斯尼海洋宣布，自 3 月 1 日起提供 60 歲以上長者敬老全年護照，這項一年無限暢遊的票價優惠為 3 萬 5,000 日圓（新台幣 1 萬餘元），比一日護照全票便宜約 22%。日本老人人口的比率為世界之冠，在這個 1 億 2,100 萬人的國度裡，近 20% 年紀超過 65 歲。未來十年，此數據將持續攀升，因為出生在戰後「嬰兒潮」的人也將高掛工作服。將退休族列核心目標隨著退休人口上升，加上出生率逐年下降，使得有錢有閒玩迪斯尼「飛濺山」與「小熊維尼探蜜」設施的遊客，絕大多數是退休一族。看準了銀髮族的商機，日本迪斯尼公司不僅提供 60 歲以上長者票價優惠，也將銀髮族設定為該樂園新的「核心目標」。這些舉措在迪斯尼主題樂園全球王國裡堪稱史無前例。

　　筆者運用參考這個報導，說明本書前面所提到的歸納出平衡計分卡的幾項特色：（一）聚焦；（二）平衡；（三）整體；（四）可衡量；（五）行動：1. 策略化為行動；2. 策略化為結果。以下就是課堂的說明轉成文字的內容：管理學大師彼得杜拉克認為，人口結構改變對人類經濟、文化、社會等各個層面，帶來重大的衝擊，影響每個行業，例如目前私立大學受到生育率降低，已面臨減班、或減招等問題。Drucker 甚而提出「全球生育率降低是人類的一次的集體自殺」的警語。尤其是這個以兒童為主要顧客的迪斯尼樂園，少

子女化人口結構的**趨勢**，更迫使他們的管理階層不得不去面對這樣的一個事實。前面所提，2008 年東京迪斯尼樂園轉攻銀髮族商機，提供了一個充分描述「平衡計分卡」理論與實務要旨的題材。如眾所周知的，迪斯尼樂園的「顧客」，專注於「兒童」。兒童人口減少直接衝擊到他們的營運收入，換成平衡計分卡的術語，「顧客構面」影響了「財務構面」，它們之間形成因果關係。於是，「開拓顧客，以增加財源」就成為東京迪斯尼樂園，轉攻銀髮族，開拓財源的策略。

去過迪斯尼樂園的讀者，一進入樂園，歡樂氣氛就會被他們各種充滿歡樂的迎賓手法及遊樂措施所激發出來，常見米奇及米妮及其他經典卡通角色抱著兒童蹦蹦跳跳。注意，這些都是針對兒童所設計出來的；一旦要將轉攻銀髮族的策略付諸實現的時候，若仍然按照原來針對兒童的遊樂設施的迎賓方式，抱著銀髮族顧客蹦蹦跳跳，在這種情況之下，有可能要準備雙「A」設施，一個是 AED；另一個就是 ambulance（救護車），這當然是開玩笑的。

要知道，迪斯尼樂園非常重視「顧客服務」，因此，連「微笑」都有 SOP，且規定在 300 頁厚厚的「員工手冊」之中，該手冊明確記載，所謂微笑，是可以操作的，只要露出八顆牙齒，就可以讓顧客感覺得到，你是有微笑，笑臉迎人。不相信的話，讀者您對著鏡子，看一看當您露出八顆牙齒的時候，會不會讓自己覺得，您是在微笑。

「創新」銀髮族遊樂設備及迎賓方式後，就必須透過系統性培訓的「學習」程序，這就是「學習、成長」構面的登場。接著，將創新銀髮族遊樂設備及迎賓方式，做成員工手冊，予以文件化，更有利學習、查詢，如何將之 SOP，如何將其流程減化，這就是「內部流程管理」構面。

綜合來說，平衡計分卡的特色，就是聚焦、整體、系統及構面間的平衡及因果關係；亦即人口結構這個環境因素改變，生育率降低的「顧客構面」，衝擊了營收的「財務構面」；轉攻銀髮族，以增加營收的策略，會牽動「顧客構面」與「財務構面」的關聯。創新各種遊樂設備及措施，以吸引銀髮族；迪斯尼樂園員工必須「學習」吸引銀髮族的各種新創設施及措施，

使得「顧客構面」與「創新、學習」構面，產生互動連結關係。為了使創新與學習，標準化、常規化，使得「創新與學習」與「內部流程」產生緊密的關係。」

第四節　目標關鍵結果

壹　一般概述

　　雖然，績效管理不斷推陳出新，但觀其究竟，都聚焦於「目標」——目標的設定、目標的執行及目標的評核。要說績效管理工具間的「取代」，倒不如說是績效管理工具間的「補足」，所以績效管理理論或工具的時間軸演進，就是目標設定相關階段的演進史。若是如此，學界大致同意「目標管理」這個概念是源頭，而這個源頭發源於 1954 年 Drucker 的《管理實務》（The Practice of Management）一書之中。從此以後，管理目標成為經營一個企業重要的部分。組織開始應用目標這個概念之後，經過許許多多學者專家的投入後，針對「如何制定一個『好目標』的方法」議題，百家爭鳴，終致以 George Doran 所彙總的 S.M.A.R.T 的目標訂定基準為箇中翹楚，成一家言，根據他的基準，每一個「好目標」必須具備具體的（specific）、可測量的（measurable）、可達成的（achievable）、相關性（relevant）以及有時間性的（time-bound），已如前述。

　　接著，1992 年 Kaplan & Norton 提出平衡計分卡的架構，此一工具之特色在於為「組織策略議題設定」，但它的限制卻是無法實際地驅動執行。依據 OKR 學者專家的看法，三個工具已整合入 OKR 的架構之內，自 1999年 Google 實施之後廣為流傳，它萃取了目標管理所有精華，它包含設定如何最佳結構化目標的基準，以及策略與執行間的橋梁。因此，OKR 實質上是一個策略執行的工具。目標和關鍵結果（OKR）是一種管理工具。OKR

是一個目標設定框架，最初由 Intel 創建，後來在 1999 年被 Google 採用，OKR 支持了 Google，從 40 名員工（剛開始使用 OKR 時）增長到今天的 6 萬多名，證明它可以被小型組織和大公司使用。如今，技術公司和非技術公司都在迅速採取行動，利用 OKR 來實現高效的工作文化。

依據 Glove 自己的說法，目標就是方向，目標就是你想要達成什麼關鍵結果，就是我們要如何做到目標。目標關鍵結果就是「什麼」與「怎麼做」，目標就是「什麼」；關鍵結果就是「怎麼做」，合起來就是「目標關鍵結果」。目標是一種鼓動人心及設定方向的陳述，告訴你去哪裡；而關鍵績效結果則回答我得知如何到達彼處？有助於藉著目標具體、明確的指定你所指為何？舉例來說，我們以開車來比喻組織的經營管理，我在交通部服務時，常聽到一句話：「車開出去，就會到站：車開出去，就一定要到站。」這句話的隱喻就 OKR，「O」係指「會到站」，所謂「到站」，它的隱喻就是使命與願景；「一定要到站」就是「KR」所謂的「關鍵績效結果」——道路及地圖。至於，與開車有關的是儀表版上的各種燈號，就是所謂的 KPI，透過儀表版上的燈號，我們「必須隨時監看」油表燈號，以避免沒油；「隨時監看」引擎溫度燈號，以免引擎過熱。也就是說，機關在日常績效管理上，要隨時監看各種 KPI（燈號）。而 OKR 就如同是就是道路、地圖及終點站。OKR 的 KR 是暫時性的、動態的，隨時依據終點站校準及調整調整；一旦我們經過一個地標後，就馬上要聚焦到下一個地標，直到目的地——終點站為止。總結來說，如 Drucker 稱，所有組織都是結果導向的，那麼就必須兼顧 KPI 及 OKR，不可偏廢，沒有相互取代的問題。

貳 核心概念

一、OKR 的性質

筆者為了鑽研 OKR 這個績效管理方法，閱讀十幾本 OKR 新著作，其中以日本學者天野勝在《OKR 思維》（中譯名）一書，對 OKR 的本質或原形的闡述，最為言簡意賅，他說（金磊譯，2021）：

OKR 本質上是一種目標管理法。目標管理法大體上可以分為「進攻型目標管理」、「預防守型目標管理」。進攻型目標管理就是你要充分發揮創造性產生新的東西；防守型目標管理顧名思義就是要防止失去現有的東西而已。以往的目標管理法大多屬於後者的範疇，OKR 法則屬於前者。進攻型目標管理係主要需要發揮創造性產生新東西的工作場景。

二、OKR 的思維

目標管理是一種目標導向的思維方式，但其特點在設定關鍵結果的目標，會設定一個頗具野心的內容，然而到底多大的野心呢？可以說是主觀感覺上實現機率值 60 至 70 的程度。針對一個目標可以設定三到五個關鍵成果，實現概率並非為 100%，而是設定一個頗具野心的目標值。

筆者認為 OKR 的核心思維，推敲起來並不陌生，可以在我們的教育學程中，俯拾可得，例如，《論語》云：「取乎其上，得乎其中；取乎其中，得乎其下；取乎其下，則無所得矣。」《孫子兵法》也云：「求其上，得其中；求其中，得其下，求其下，必敗。」另唐太宗《帝範》卷四：「取法於上，僅得為中，取法於中，故為其下。」

三、OKR 的定義

所謂目標關鍵結果（Objective and Key Results, OKR），係指組織或團隊要先設定一個具挑戰度的目標，然後訂定三至五個能用以評量該目標達成度的量化指標，藉以設置一個組織和團隊達成目標的執行架構。這樣的好處大致有以下四點：（一）一旦達到就取得極大的成果；（二）允許出現失敗；（三）更容易催生新的想法；（四）團體成員較難出現對立的情緒。

四、OKR 的要義

如前所述，OKR 是本質上是一種目標管理法，筆者閱讀 OKR 有關著作後，歸納出要義如下：

（一）結構化的目標管理

OKR 與其他績效管理工具上不同之處，主要是表現在結構化之上，而所謂結構化包含兩個組成部分：目標（O，Objectives）和關鍵結果（KR，Key Results）。目標＝O（想要什麼？）＋KRs（如何實現？如何評量是否完成？目標和關鍵結果不是隨意的結合，要具有嚴謹邏輯關聯的結構。

（二）聚焦關鍵的目標管理

OKR 的主要倡導者 John Doerr 針對 OKR 所撰寫的暢銷書《OKR 做最重要的事》（中譯名），原文書名為 Measure What Matters，並指出推動 OKR 的第一件事，就是找出組織至關重要的業務，並加以測量，高績效組織能聚焦在至關重要的工作上，能夠明確地區別何為重要？何為不重要？讓員工對組織的重要工作，能有所貢獻，使得工作變得有意義，從而提供員工的敬業度及創新能力（許瑞宋譯，2019）。Barry Schwartz 在《你為什麼而工作──價值型員工進階指南》指出，亞當史密斯主張「人們願意工作的唯一原因，是工作所帶來的報酬，只要能夠獲得令人滿意的報酬，工作內容便無關緊要。」但 Barry Schwartz 不認同這樣的論點，他說：「真正激勵工作的內在因素。工作雖有好壞之分，卻與行業、職位無關。清潔工、理髮師、作業員都有成為令人滿意的工作的潛力，真正的關鍵不在薪水，而在於自主權、變化性、技能的提升，與成長空間，以及與他人幸福的關聯度。他又說，具使命的工滿意度和成就感最高。使命、願景是組織的根本，至關重要。有績效的機關或組織的共同點之一，就是極力強調公司的目標和願景，將使命、願景這些至關重要的因素，擺入具體實踐之中。」（易安靜譯，2016）

（三）校準化的平衡計分卡

OKR 強調目標與關鍵結果高度連結，因此 OKR 也是強調校準化的平衡計分卡，讀者還記得 Kaplan & Norton 繼《策略地圖》一書後，於 2006 年所出版的書名為《策略校準：應用平衡計分卡創造組織最佳綜效》（Alignment:

Using the Balanced Scorecard to Create Corporate Synergies），都在強調目標與關鍵結果的連結與校準。

（四）共識化的目標管理

聽進去，說出來；聽進去，寫下來；OKR就是把什麼，寫下來，透明化，形成共識，合作化，才可以執行。

（五）有野心（ambitious）的目標管理

因與待遇沒關聯，員工才敢於挑戰，也可避免績效指標扭曲的現象。

（六）執行化的目標管理

OKR的主要倡導者John Doerr說過一句經典的話：「理念，執行才是王道。」（Ideals are easy, execution is everything.）無論你喜不喜歡OKR，它仍然很重要，原因如下：1.OKR迫使你時時牢記「以終為始」。若我們不知道要去何處？我們就不可能指出到達那裡之方法；2.OKR讓成員協調何者重要？何種不重要？一起做正確的事很重要，因為效能勝過效率（Effectiveness trumps efficiency）；3. OKR確保我們一起做的事是重要的。

參 案例分享

〔案由〕將降低退休所得所撙節的退撫經費「全數」挹注入退撫基金。

一、挹注入退撫基金政策內涵

公務人員退撫基金管理實務言，退撫基金的流入流量即所謂「退撫收入」，是由三個部分組成：（一）提撥收入；（二）挹注收入；及（三）基金收益。退撫基金流出就是所謂「退撫支出」。退撫收入與退撫支出的差額，就是退撫基金存量（或規模），依據財務精算結果，因退休所得及優惠存款利率的調降，未來五十年內，各級政府合計約可節省7,406億元；退撫基金可節省914億元，挹注收入全數撥入基金，預期基金累積餘額呈正成長期間，可超過十年以上；透過持續挹注收入，提供政府有了檢討政策之時間，

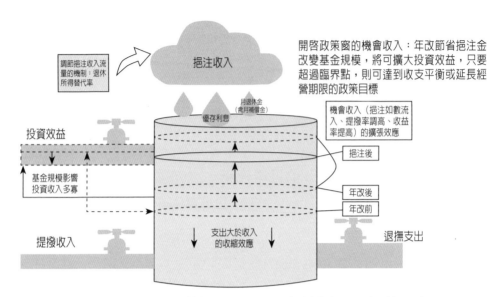

圖 3-4　2018 年年金改革前後公務人員退撫基金存量用罄動態分析圖

資料來源：林文燦（2020）。

俾基金得以永續經營。政府持續將挹注款項撥入退撫基金後，基金提存比率顯著提高，公務人員退撫基金提存率比率由 27%，提升到 55%，此一政策產生公務人員退撫基金存量的三個可能情況：（一）在提撥率維持 12% 的前提下，公務人員退撫基金之基金累積餘額出現負數年延至 2041 年；（二）如能依法自 2019 年 1 月 1 日起，提撥率由現行 12% 逐年調高 1% 至 15%，則公務人員退撫基金累積餘額出現負數，可延長到 2047 年；（三）如提撥率由現行 12% 逐年調高 1% 至 18%，則公務人員退撫基金累積餘額出現負數，可延長到 2052 年。以精算基準日（2017 年 12 月 31 日）而言，可確保基金達三十年的財務安全，如圖 3-4。

　　亦即，2018 年所推動的年改政策目標，有了重大的改變，就是轉變為「兼顧整體退撫基金財務的永續性及個人退休所得的適足性」的政策理念，並將之作為年改的二個衡平的政策目標（林文燦，2018）。因此，落實上述政策目標的政策手段有二：（一）將降低退休所得所撙節的退撫經費「全數」挹注入退撫基金；（二）提高基金收益率。由於提高退撫基金的收益屬不可

控因素，由市場決定；至於「將降低退休所得所撙節的退撫經費「全數」挹注入退撫基金」屬於可控部分，但最大的問題是否能夠「全數挹注入退撫基金」。因此，我們運用 OKR 以確保政策之落實。

二、OKR 的運用

（一）績效目標（O）：退撫經費「全數」挹注入退撫基金。

（二）關鍵結果（KR）：由法條規定內容分析可知，執行時有以下的重點：

1. 計算挹注經費之對象：具有舊制年資之退休公務人員。
2. 計算挹注經費之內容：優惠存款利息及舊制月退休金（含月補償金）。
3. 執行內容：各機關必須先自行計算並報送銓敘部審核，銓敘部審核彙整後，函報考試院及行政院同意並公告。
4. 執行期間：年度結束後翌年 1 月至 2 月，並應在翌年 3 月 1 日前完成公告程序。
5. 編列預算及撥付：中央由各機關編列預算，地方則考量地方財政及簡化行政程序，由中央對於地方施政經費補助之一般性補助款及平衡各地方財政盈虛之統籌分配稅款，逕由中央財主機關代為撥付。

（三）關鍵結果（量化指標）：

KR1：建立標準作業程序及各年度辦理時程一種

嚴謹控管程序：邀集相關機關召開會議，確立應挹注金額之計算標準、彙報，以及編列預算與撥付退撫基金等作業期程。

KR2：建立資訊系統，確保應挹注退撫基金金額之正確

為利機關作業並求挹注經費金額之精確，由本部就本部審定之退休（職）所得重算結果，輔以行政院人事行政總處之全國公教人員退休撫卹整合平台相關停發註記及臺灣銀行存款資料，進行計算後，再交由各發放機關核對彙報本部審核。

KR3：建構獲得財政部及行政院主計總處專業協助平台

(1) 中央政府應挹注基金金額部分：由公務預算（以本部為支給機關）及非公務預算（非以本部為支給機關）之機關編列預算撥付退撫基金。

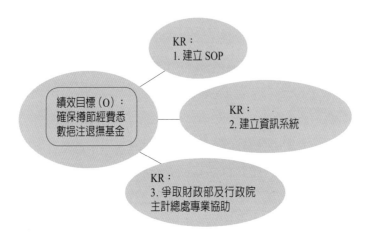

圖 3-5　撙節經費悉數挹注退撫基金的 OKR 示意圖

資料來源：筆者自行繪製。

(2) 地方機關應挹注基金數額部分：確保節省經費悉數挹注退撫基金。因此，地方政府所有挹注經費，係分別為中央補助款及統籌分配稅款代撥，均無須由地方政府自籌款支應，無因地方財政影響節省經費全數撥付之顧慮（圖 3-5）。

三、執行成效

「降低退休所得所撙節的退撫經費全數挹注入退撫基金」執行成效，如表 3-1。

表 3-1　公務人員歷年退休所得節省經費挹注退撫基金金額總表

年度	中央機關公務人員部分	地方機關公務人員	中央及地方公務人員合計數
2018	29 億 1,319 萬元	31 億 172 萬元	60 億 1,491 萬元
2019	57 億 3,453 萬元	61 億 1,975 萬元	118 億 5,428 萬元
2020	65 億 7,251 萬元	68 億 5,138 萬元	134 億 2,389 萬元
2021	81 億 1,319 萬元	84 億 3,445 萬元	165 億 9,324 萬元
小計	233 億 7,902 萬元	245 億 730 萬元	478 億 8,632 萬元

資料來源：筆者依據銓敘部資料整理。

第五節　綜論各種績效管理工具的異與同

壹　各種績效管理工具之差異性

　　Drucker 的「目標管理」（MBO）強調目標的重要性。在 Drucker 的思維中，MBO 能夠確保組織內所有員工的個人目標與組織整體目標保持一致，然而執行過程中，很少有組織能做想到且做到，致使 MBO 遭受不少的質疑；MBO 在思維或理念這個層次上，確值喝采，但在實務執行上還有哪些不足呢？第一個原因是，如同 Doran（1981）指出，Drucker 並未論及如何有效訂定目標，於是 Doran 提出 SMART 目標設定方法，以補 MBO 之不足；第二個原因，就是各個組織所定之組織目標如何使之落實呢？Glove 所提出的 OKR（Object and Key Results）正是源於 MBO，著眼於目標的落實的管理方法，因而先思考「做什麼」（what），先確定每一個組織目標後；緊跟著擘劃怎麼做（how to）的各種關鍵結果，最後確定二者之間一定要能緊密連結。

　　KPI 是績效管理實務的產物，因此，無法找出「系出哪一個門派」，但它聚焦產出的特質，側重量化的衡量，學者有認為它應該是產業革命後，強調生產效率，透過標準化，建立作業基準，可見，係 Taylor 科學管理模式的餘緒。顧名思義，服膺 KPI 的信眾，聚焦績效指標的評量，如何建立客觀而具有公信力的量化指標，於是，在實務界也產生了一套家喻戶曉的「訂定績效指標的 SMART 原則」。多少年來，KPI 已成為任何組織講究績效的象徵，甚至成為生活中人們交談的口頭禪。在一些現代劇中，我們很容易聽到「你們公司的 KPI 如何？」、「貴單位 KPI 達到沒？」；但我們很少聽到「貴公司 MBO 做的如何？」「貴公司有沒有實施 BSC 呢？」但也由於 KPI 運用很廣，學者專家對其關注很多，批評也更多，當然，過度聚焦於「量化」，於比較難以量化的目標或重要事項，就有可能被忽視了，「窄化」管

理視角的結果，產生許多弊病。但反過來說：批評愈多，不正是代表它被依賴及被重視的程度嗎？從愈多的批評，進入精進愈多的良性循環，不就是本書後面特別討論如何訂定「好」的 KPI 的用意嗎？讀者可以期待。

KPI 最重要的弊病之一，就是只聚焦於指標之上，忘記了原來所要追求的「目標」。黎巴嫩詩人紀伯倫的詩《先知》所言，「我們已經走得太遠，以至於忘記了為什麼而出發。」（We already walked too far, down to we had forgotten why embarked.）來比喻實務界，注意指標，忘了目標的通病，就太貼切了。那到底其弊病多大呢？

信手透過 google 以「警察 KPI 問題」之字串查詢，立即呈現 2016 年 5 月 25 日司改國是會議第五分組的會議中，有一「警政績效改革議題」民間司改會針對內政部警政署所提之「警察機關刑案績效制度說明資料」，提出批評意見，其重點略為：一、警察機關 KPI 相關的工作計畫及目標可能基於多方意見而訂定，不見得具科學性與合理性，沒有對外公開，以致外界無從檢視，並協助提供改善建議；二、工作計畫（專案）雖不「直接」影響員警升遷制度及管道，但對人事會有影響；三、警政署將不合理工作計畫及目標訂定之問題，推卸給地方警察機關，未而設計基層員警的制度性反映機制，實屬卸責；四、不根本性地改革績效制度，而強調若警察人員發生「養案」、「造假」之情形即追究責任，是本末倒置。

筆者認為司改會這些針對「KPI 所做批評」，不過泛泛之論而已，因 KPI 更大的問題，不在司改會所謂「不見得具科學性與合理性」的技術層面問題，而是在 KPI 的本質問題。要知道一個 KPI 的好或壞，涉及內容的合宜性及技術層面的客觀性或科學性，實質內容的合宜性要比技術的科學性更為重要，當然二者若能兼顧，那就是再好不過。

而實質內容合宜性的判准基準要從目標角度出發，以 OKR 的觀點來看，最大的問題是是它欠缺與目標的連結，亦即警政署所強調的 KPI 與警察人員的使命願景的關係如何；換個角度看，KPI 的合理性、合適性要從警政政策目標的角度評量之。舉例而言，降低刑事案件的發生率和提高刑事案

件的破案率這二個關鍵績效指標，哪一個是重中之重？或者哪一個是更「合宜的 KPI」呢？判斷的基準是什麼呢？

從 MBO、BSC 或 OKR 的角度來看，KPI 最大的問題是只見指標，卻忘了該指標與策略目標的連結度，忘記了指標只是手段，策略、使命及願景才是目標。因此，要判斷 KPI 的好壞。第一步，要先定義警政政策目標是什麼？警察人員的使命、願景是什麼？依據我國警察法第 2 條規定：「警察任務為依法維持公共秩序，保護社會安全，防止一切危害，促進人民福利。」警察職權行使法第 2 條規定：「警察依法行使職權，以保障人民權益，維持公共秩序，保護社會安全，特制定本法。」歸納起來，警察的使命可以是「以保障人民權益，維持公共秩序，保護社會安全。」有一點空泛，若要更具體明確，筆者認為日本警察法第 2 條規定：警察以保護個人之生命、身體及財產為任務，並以擔任犯罪之預防、鎮壓、搜查、逮捕嫌疑犯、取締交通及維持其他公共安全及秩序為職責。但警察之活動，嚴格限於前項之任務與職責範圍，不得濫用職權，干涉憲法所保障之個人權利及自由。」其中「警察以保護個人之生命、身體及財產為任務」這一段文字敘述，頗為具體。若以 OKR 角度論之，警察人員的目標（O）為「保護人民的生命、身體及財產」，並以之作為判定 KPI「合宜性」的基準，那麼，「降低刑事案件的發生率」是比較好的 KPI，因為提高刑事案件破案率的前提，是人民的生命、身體及財產已經遭受侵害？與警察目標相左。

至於司改會所提「警察機關 KPI 相關的工作計畫及目標可能基於多方意見而訂定，不見得具科學性與合理性。」其中所謂「KPI 的科學性與合理性」，筆者認為是「如何訂定好的 KPI」的技術層面問題，我們將在「下篇實際操作－如何訂定聚焦團體績效績效的可操作性評量程序」做深入的說明。不過，談到這裡還是要提醒讀者一下，「沒有最好的績效管理工具，只有最合適的績效管理工具。」因此，套用紀伯倫的說法，「我們已經走得太遠，以至於忘記了為什麼而出發。」警政機關追求績效，責無旁貸，但當所有眼光都注視 KPI，卻忘記了初始警政目標，未能制度化滾動式「調校警政

績效目標與 KPI 的關聯」，才是當前警察機關 KPI 的癥結，而此癥結問題是大多數行政機關共同犯的錯誤。

貳 各種績效管理工具之共同性

從團隊或組織目標來看，時下有各種績效管理工具，雖層出不窮，但其實就是目標管理發展史，從不同角度看目標管理而已，如同毛利英昭在《星巴克流——好員工的培養法》（中譯名）一書中指出，目標管理是最優秀的管理技術之一，但如果說除了目標管理，企業就沒有其他選擇，也有點言過其實，不過，雖然如今的管理技術層出不窮，但他們的根本裡面都有目標管理的影子（陸貝旎譯，2021）。

戴勝益（2011）董事長，在《愛說笑——品味生活，快意人生》提到一段寓意深遠的小文：台灣的夏天炎熱，溼度又高，身在斗室之中，汗如雨下，眞是奇悶無比。這時候，若把一扇窗子打開，但覺熱浪入侵，暑氣未減。但若把另面牆壁的另一扇窗子也打開，則馬上會有一股涼風襲來叫人精神一振。開一面窗子，只是室內外空氣有觸，但未形成對流，所以室內空氣並沒有移動，所以無法產生「風」的涼意。開兩面窗子，則室內空氣開始產生流動，於是清涼的感覺便來了。戴勝益的體會是：成就一件事情，皆是靠「構想、計畫、執行、更正」四個步驟來達成的。我們若只有「構想、計畫」的階段而無「執行、更正」的行動，是一個只開單面窗子的人。若要成功達成任務，「執行、更正」便是我們第二面窗子。筆者住宅有東西二面窗，一到夏天，只要二面開窗，產生對流，除非酷熱，不開冷氣，清風徐來，就不覺暑氣逼人。第一扇窗寓意著目標，開了第二道窗就有空氣流動，而空氣流動、對流就是寓意著執行、回饋。因此，規劃、執行、考核結成一體，績效管理活動就可以運作自如了。

而各績效管理工具共同性在於一個良好的目標管理應具備如下共同性質：一、能夠把個人目標和組織目標聯繫起來；二、能夠具體表明應該實現

的成果或目標；三、能夠監測進展和完成度，並提供評量的指標；四、合理和適當的目標；五、是由組織內部或上下級商定的令人信服的目標；六、能夠帶來重大變化的關鍵項目（陸貝旎譯，2021）。筆者再提煉各種績效管理工具共同性的精要處，認為各種績效管理工具，都共同包含三個關鍵活動：規劃、執行及考核。也就是行政三聯制的核心概念所在，將在後面章節進一步闡述。

第四章
現行政府績效管理制度分析與檢討

　　我國政府績效管理制度發展過程，大致形成三個制度：一、1949 年建立之公務人員考績制度；二、1951 年建立之行政機關績效評估制度；三、2002 年實施之行政機關績效獎金暨績效管理制度（2007 年已停辦）。

第一節　公務人員考績制度

　　現行公務人員考績制度奠基於 1986 年 6 月 27 日立法院三讀通過，總統公布實施之「公務人員考績法」，其中絕大多數是參酌簡薦委及職位分類兩制考績法相關條文制定而成，至 2007 年 3 月間為止歷經四次修正。由於公務人員考績法攸關公務人員升遷、獎懲等切身權益，學術與理論界論者多矣，爰不再贅述。究實言之，銓敘部所主導的「公務人員考績制度」係以個別公務人員績效為評比對象，強調依個人工作、操行、學識及才能，綜核名實、信賞必罰及準確客觀行之。公務人員考績法揭示之宗旨，重點有二：一、綜覈名實、信賞必罰；二、作準確客觀的考核。

壹　考績宗旨

　　考績法第 2 條規定：「公務人員的考績，應本綜覈名實、信賞必罰之旨，作準確客觀之考核。」短短數語，言簡意賅，「信賞必罰」揭櫫了考績與其他人力資源管理措施的水平結合關係，將員工績效與誘因制度（例如，

績效卓著者優先升遷，予以高額績效薪資；績效拙劣者予以降職或行政懲處）做緊密地結合。綜覈名實部分，依據考績法第 5 條規定：「……平時考核就其工作、操行、學識、才能行之。」所謂「名」，所對應的是考績項目所列的「學術」、「操行」及「才能」等三個項目；至於「實」，就是「實績」，以現代人力資源管理用語，就是員工實際的工作績效，所對應的是考績項目所列的「工作」。

貳　考績種類

依據考績法第 3 條規定，公務人員考績區分為：

一、年終考績：係指各官等人員，於每年年終考核其當年 1 月至 12 月任職期間之成績。

二、另予考績：係指各官等人員，於同一考績年度內，任職不滿一年，而連續任職已達六個月者辦理之考績。

三、專案考績：係指各官等人員，平時有重大功過時，隨時辦理之考績。

就常態管理言之，考績針對公務人員一段期間的所表現特質、行為及結果予以考核，因此，有年終考核公務人員 1 至 12 月任職期間之成績的年終考績；以及任職不滿一年，而連續任職已達六個月的另予考績。然就例外管理言之，當公務人員有重大功過時，基於學理上即時獎勵（或處罰）考量，故有專案考績之設計。

目前，各項公務人員獎勵措施中，最實質的激勵措施就是一次記二大功給予獎金，其他行政獎勵（即使記一大功）並無獎金；此外，還可以晉本俸或年功俸 1 級，除了月支俸級數額可以增加外，也可以在退休時增加退休金，因為退休金是以本俸（年功俸）加一倍作為計發退休金的基準。考績法第 13 條規定，（當年度）曾記二大功人員，考績不得列乙等以下。換言之，也保障該人員當年度考績考列甲等。

參　考績程序

依據考績法第 5 條規定，年終考績應以平時考核為依據。同法第 13 條規定，平時成績紀錄及獎懲，應為考績評定分數之重要依據。又依同法施行細則第 17 條規定，本法第 13 條所稱平時成績紀錄，指各機關單位主管應備平時考核紀錄，具體記載屬員工作、操行、學識、才能之優劣事蹟。行政院特訂定「行政院及所屬各機關公務人員平時考核要點」作為辦理行政院及所屬行政機關公務人員平時考核，依據所附「公務人員平時成績考核紀錄表」及其附記說明，考核項目所含工作知能及公文績效、創新研究及簡化流程、服務態度、品德操守及領導協調能力等，並佐以 A、B、C、D、E 等五個等級為強化績效考評功能，結合團體績效考核與平時考核，各機關得依據其發展策略願景或年度施政目標，訂定內部單位之年度工作目標，再由主管及受考人於年初共同商訂個人年度工作計畫，據以設定計畫評量指標（評量指標之設計應盡量予以量化）及預定完成期程，並依規定按時考評。」係屬結果法之目標管理法。

肆　團體績效評比制度法制化草案

從理論上及 OECD 國家績效管理制度發展的面向觀之，於 2010 年考試院開始送立法院審議之「公務人員考績法修正」（草案），雖迄今未完成立法，但該修正草案所具重大的意涵，卻不容忽視。所建立之法制化團體績效評比制度，對政府績效管理制度開啟了「機會之窗」，其與「行政機關績效獎金暨績效管理制度」不同處在於，一為行政命令所建構，另一如經立法院審議通過，即具有法律的強制力及正當性，這對於落實我國政府績效管理制度更具優勢體績效評比機制，團體績效評比制度的重要性，已如前述，首先，此制將促使各機關必須從「依法行政」角度落實機關層次施政績效與個人層次考績間轉化與連結，並無行政裁量之餘地。

其次，法制化團體績效評比與誘因制度（甲等比例為正誘因與丙等比例

爲負誘因（考試院已政策決定不推動））的關聯，並以團體績效評比結果作爲分配誘因的依據。此制將更有助於公務人員，因關心本身增加甲等正向誘因的可能性，更在意團體績效評比制度的執行層面。一旦基於「承上啓下」樞紐之團體績效評比制度能夠落實，那麼，對於統整政府績效管理制度及政府施政績效的提升，應是合理的期待（林文燦，2011）。

第二節　機關施政績效評估

 沿革

　　行政院係於 1951 年公布實施「行政院所屬機關考成辦法」，建置及推動有關政府機關的績效評核工作。多年來，行政院爲因應國家建設及發展需要，無論是考成項目、考成方式、參與機關、人員與政策方針等方面，均歷經多次的變革及修正。

　　自 2001 年起，行政院基於營造高績效政府之目標，更參考美國政府績效與成果法規劃設計，函頒「行政院所屬各機關施政績效評估要點」，並自 2002 年起開始推動機關施政績效評估制度，實施方式以目標管理及結果爲導向原則評估機關組織整體績效，各部會應每年依據機關願景、總統治國理念與院長施政主軸，檢討修正未來四年中程施政計畫及年度施政計畫，擬定施政策略目標及績效衡量指標，評估重點分成「業務」及「內部管理」（含人力及經費）面向，於年度結束後辦理機關施政績效評估作業，作業方式先由各機關進行自評、初核，再送行政院複核後，各機關施政績效報告評估結果及行政院複核整體意見，回饋至各機關作爲後續持續落實績效管理工作之參考。

　　行政院爲強化所屬各機關施政計畫編審作業及推動施政績效管理制度，考量各機關中程施政計畫及年度施政計畫均係行政院施政計畫之一環，具密

切之層次關聯，並爲能於年度施政績效評估中落實，彰顯施政績效管理效果，自 2009 年度整合「行政院所屬各機關中長程計畫編審要點」有關中程施政計畫之規定、「行政院所屬各機關年度施政計畫編審辦法」及「行政院所屬各機關施政績效評估要點」，並依實務需求，於 2009 年 4 月間訂頒「行政院所屬各機關施政績效管理要點」，自 2010 年度起適用，爲提升各部會長期策略規劃與目標管理能力，要求各機關依業務成果、行政效率、財務管理及組織學習等面向，聚焦機關施政重點，要求各機關訂定「關鍵策略目標」及「關鍵績效指標」，以作爲年終考評之準據（行政院研考會，2011），如圖 4-1。

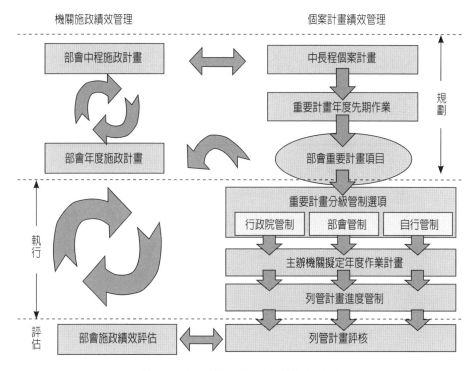

圖 4-1　行政機關施政績效評估體系

資料來源：行政院研考會（2011）。

　　配合國家發展委員會成立，於2015年函頒「國家發展計畫編擬要點」，作為績效評估之依據，以落實國發計畫所揭示之國家發展願景及目標。另依行政院核定，自2019年起績效報告由機關辦理自評及公告作業。機關施政績效評估之立意，在提高機關自主管理能力，使各部會能夠做到施政前後自我比較，自我要求逐年進步，同時運用燈號管理做法，彰顯部會整體施政成果，以提供部會首長規劃後續政策之參考。此外，透過資訊公開，促請各機關首長對外承諾施政目標，落實施政課責。本項評估和其他機關（構）及民調單位對施政績效之相關調查結果，由於對施政績效之操作化定義及調查方式等均不盡相同，難免有所差異，各機關仍應多方收集國內外相關評比及調查結果，全方位持續檢討精進施政效能。

貳　機關施政績效評估的檢討

　　我國政府部門對於政府施政品質的提升，一向不遺餘力，行政院研究發展考核委員會（以下簡稱研考會）成立於1969年，其組織條例並於1987年制定公布，成為行政院的常設機關，肩負行政院各機關施政計畫的計畫、執行及考核落實之重責大任。值得特別注意的是，研考會所辦理的評核層次在於「機關」，而公務人員考績法相關規定的考評層次在於「個人」，就管理一般理論而言，任何機關的績效目標大致可以劃分為三個層次：機關、單位及員工個人等三個層次。因此，一個完整的績效管理制度必須能夠展現機關整體績效、內部單位績效及員工個人績效，形成所謂績效目標金字塔。

　　我國政府機關績效管理制度，研考會（現為國發會）側重的「機關層次施政計畫」的績效衡量，以及公務人員考績法所側重的「個人層次」的績效評核外，尚缺乏一套承上啟下，側重「單位層次」的績效衡量制度，這也是人事局在推動績效獎金制度及績效管理制度，所要補充的部分，在人事局未推動績效獎金暨績效管理制度之前，由於缺乏對於單位層次績效的衡量，因而欠缺一個承上啟下的績效衡量的連結環節（linkage），導致每位公務同

仁的日常業務與機關的施政計畫（願景、使命、策略）毫無關聯，使得首長的施政理念或機關的施政計畫，成為 Drucker 所謂高懸的目標，無法轉換成行動方案。

第三節　為什麼要推動績效獎金及績效管理制度

　　我國政府嘗試以績效管理解決問題，但績效管理制度本身卻是個大問題。筆者認為政府績效管理制度問題關鍵之處，在於政府績效管理在政策規劃面、制度設計面及誘因機制等層面，欠缺一個整體的策略性思維架構。亦即欠缺一套著眼於建構司、處「單位層級」的「團體績效評比」及「團體誘因分配」機制，使之能夠「上結」部、會「機關層級」的研考制度，「下合」公務人員「個人層級」考績制度，使得組織目標與個人目標得以縱向結合（alignment）之同時，績效管理與誘因機制亦得以水平結合。而這套團體績效評比機制正是 2002 年至 2007 年間行政院推動「行政機關績效獎金暨績效管理制度」的政策核心，也恰好是考試院力推之公務人員考績法修正草案中，除眾人皆知之考績丙等比例設限外，另一個遭忽視但卻更為重要的議題。因為它在現行職司機關績效評比的研考制度以及職司個人績效的考績制度間，扮演一個「承上啟下」的評比單位（司處）績效及分配誘因的機制（林文燦，2011）。

壹　我國政府績效管理制度的病灶

一、欠缺「人的績效」與「事的績效」切合之制度設計

　　政府的施政是靠公務人員來落實，績效管理制度的關鍵因素，首在「公務人員（人）的績效」與「政策（事）的績效」結合的。現行績效管理權責體系中，（一）負責「事」的績效或政策績效是研考機關（已改隸國發會），負責機關整體層次施政績效制度之建構與檢討；（二）至於負責單位層次績

效管理制度則尚未有法制化之建構（也是屬於「事」績效或政策績效屬性）；
（三）至於「人」的績效是由考試院負責員工個人層次考績制度之建構與執
行。就組織設計理念層面而言，因權責割裂，使得「人」的績效與「事」的
績效考核制度無法結合。

二、國家重大施政政策的施政績效評估制度與公務人員考績制度未高度結合

　　我國公務體系並不欠缺績效管理制度，惟弊在績效管理制度疊床架屋，
並未做合適的轉化與連結的整合機制。亦即早期研考會所建立的評量層次在
於「機關」。而公務人員考績法相關規定的考評層次在於「個人」。就一般
管理理論而言，任何機關的績效目標大致可以劃分爲三個層次：「整體機
關」、「內部單位」及「員工個人」。因此，一個完整的績效管理制度必須
能夠展現機關整體績效、內部單位績效及員工個人績效，形成所謂績效目標
金字塔。就制度建構層面而言，我國政府機關績效管理制度除了研考會所側
重的「機關層次」施政計畫的績效評量，以及公務人員考績法所側重的「個
人層次」的績效考核外，尙須一套承上啓下，側重「單位層次」行動方案的
績效評量。

三、欠缺一套結合施政績效與個人考績的誘因制度

　　行政院所屬各機關施政績效管理要點，第 12 點規定，各機關於年度施
政績效報告經行政院核定後，對其所屬機關（單位）相關人員辦理獎懲。各
機關實務上都給承辦相關業務人員行政獎勵，至於施政計畫執行成效不佳的
機關與承辦人員，也不會受到任何能夠足以「擔心」的懲處，這與張居正的
考成法，以各級官員執行國家重大政策的成效，作爲決定官吏仕途依據的歷
史經驗，表現不稱職的官員，會被裁汰的情形，不可同日而語，雲泥立判。

　　考試院透過公務人員考績法修正草案，原擬以法制化手段推動行政機關
團體績效評比制度，並作爲分配甲等及丙等誘因分配機制（目前已不再推動
了）。只有如此，或許各機關公務人員才會意識到國家重大政策的期程時效

及推動成效與自己升遷仕途是血肉相連的。

貳 行政機關推動績效獎金暨績效管理制度

　　筆者長期負責規劃國家公務人員待遇制度，特別鍾情於如何建構一套具有彈性及績效導向的待遇制度，以激勵公務人員，提升公務人員行政效率，進而提升國家施政績效。筆者願引用 David Osborne & Peter PIastrik（1997）在《鞭打官僚體制》一書中的一段話，最能代表身為績效獎金及績效管理制度規劃者、推動者之心境。他們說：

> 　　（推動政府─再造的五種策略中）文化策略是最困難改變的部分，但是它是廣大群眾唯一能夠對政府改造有所貢獻者，在一個蔑視公務人員為懶惰、自私官僚的社會之中，想要形塑一個具企業精神、顧客導向及結果導向文化，絕非易事。如果我要這種（好）政府，那麼我們就必須以尊重對待公務人員。我們的媒體政客及公民等方面必須許多改變。過去，公共服務是被尊重的專業（honorable profession），沒有理由今日不能恢復光榮的過去，其實，大多數公務人員都是勤奮不懈，犧牲奉獻者。前面多次談到，大多數公務人員都是身「壞制度」的好人，如果我能夠改變這些制度，政府能夠呈現卓越的政績，也許大眾媒體應該捐棄他們的成見看到公務人員素質，就給予榮譽與敬意（Osborne & Plastrik, 1997）。

一、制度緣起與建立

　　早在魏啓林擔任人事行政局局長時，筆者時任人事行政局給與處專門委員為說服魏局長推動績效獎金制度，記得當時我跟魏局長說：「您是台灣大學企管系名教授，在企業界享有盛名，是最有可能將企業盛行的績效待遇制度，引進政府部門，得以建立績效導向的待遇制度，打破吃大鍋飯的公務

人員待遇制度。」魏局長的確有意推動，只不過尚未成熟之際，急於在媒體發布，且擬將公務人員 1.5 個月年終獎金中的 0.5 個月作為經費來源，消息一出，結果引起公務人員群起反彈，人事局的電子郵箱被灌爆，而告胎死腹中。

接任的張哲琛局長賡續推動，並由筆者負責規劃具體草案內容，因張局長是行政院副主計長出身，預算籌措及經費編列是他的強項，於是，建立經費來源及提撥數額，由機關當年度原核定人事費額度內勻支，並依定金額提撥辦理不減少現行待遇，員工可因個人努力獲得額外獎勵，更可激勵員工工作意願，提升個人及機關工作績效。

連副總統在 1999 年 5 月 25 日發表「推動發展導向的文官改革」之專題演講指出，21 世紀人力資源發展的新趨勢之一是要建立績效導向的人事機制，須改變當前文官體系重年資而輕「績效」的各項制度，以績效決定考績、待遇。人事局基於上述的考量，特訂定「行政院暨所屬各級行政機關績效獎金實施計畫（草案）」，以為規劃績效待遇制度之初獻。惟適逢 921 大地震之發生，當時人事局張局長哲琛於同年 9 月 17 日批示震災後，為應災區重建，各機關本年度預算必須縮減；將經費移作救急所需，故本案暫緩實施，導致行政院暨所屬各級行政機關績效獎金制度再次停擺。

嗣逢我國第一次政黨輪替，當時行政院為推動行政革新及政府再造，於 2001 年 2 月 20 日及 25 日召開的「全國行政革新會議」，並依據會議結論通過「全國行政革新會議結論行動方案」。人事局並根據「行政文化」議題中，有關「調整行政管理措施：改革考績制度及實施績效獎金制度等做法，強化政府績效管理制度」的結論，積極規劃制定「績效獎金制度」，作為推動績效待遇制度的起點。於是，作為常任文官繼續規劃，並得以真正推動 2002 年 1 月 1 日起試辦「行政院暨所屬各級行政機關績效獎金實施計畫」。績效獎金制度，並自 2002 年度試辦，計有 277 個中央及地方機關參與此一盛舉，其後在 2003 年、2004 年賡續全面實施，當多數機關及同仁逐漸適應，並產生正面效益之際，卻面臨立法院審查 2005 年度中央政府總預算案時，審議通過有關 2005 年度中央政府總預算案中各機關編列「績效獎金」，

全數刪除。使該制度面臨無法持續性推動的危機。幸好，人事行政局李前局長逸洋堅持改革理念，於卸任前通函行政院所屬各機關繼續實施績效獎金及績效管理制度，同時也獲得時任局長張局長俊彥的支持，繼續實施。

二、主要內容及其對建構行政機關完整績效管理體系的影響

　　2005 年 11 月 23 日，行政院賡續推動績效獎金制度，訂頒「行政院與地方各級行政機關 2006 年實施績效獎金及績效管理計畫」，本年度計畫除部分條文酌作修正外，大致仍維持 2005 年度之計畫規定。

（一）主要內容

　　該制度立案精神及特色，包含：

1. 全面推動績效管理暨獎金制度，增進施政績效，精進為民服務品質，贏取民眾信任。

2. 強化績效管理制度（施政總目標（機關目標）、單位目標及個人目標間的有意義轉化與連結），以落實施政計畫及施政績效。

3. 使員工內化績效管理理念，進而孕育具績效導向的行政文化。

4. 體認各機關業務差異，授權各機關自行選用合適績效管理（評核）工具。

5. 兼顧團體績效與個人績效之提升。

6. 各機關員工參與績效目標設定與績效獎金發給規定之訂定，以落實員工參與之民主精神。

7. 重視績效管理回饋過程，組成訪查小組，隨時提供必要的稽核與諮詢，深耕組織學習。

（二）主要影響

　　究實言之，人事行政局所主導的「行政機關績效獎金暨績效管理制度」係以部會內部單位為評比對象，強調策略之轉化、連結與建立行動方案導向，評估層次為管理層次之單位績效。該制度另一個特色為，開創並制度化以內部單位為對象的團體績效評比制度，並作為分配績效獎金及考績甲等比例之依據，使得績效管理制度與待遇管理制度作緊密的連結。

參　突破我國政府績效管理制度的盲點：建立團體績效評比機制

在實務意涵上，所謂績效管理制度就是透過行政機關團體績效評比（量）機制之建構，整合團體績效評比制度與誘因分配機制，使組織績效與個人績效融合，績效評比與誘因分配連結，盼望大幅提升政府施政績效。要求主管機關應辦理所屬機關間之團體績效評比，各機關應實施內部單位間之團體績效評比，評比結果並作為彈性分配甲等以上人數比率之依據。建構一套有效結合績效管理與誘因機制的政府績效管理制度。

如何驅使公務人員致力於政府整體績效的提升呢？一直是理論界與實務界努力的課題。以團體績效評比結果作為分配正向誘因物（機關甲等比例及團體績效獎金）依據，也為考試院日後推動「以團體績效評比作為分配機關甲等及丙等比例依據」奠定了基礎。只不過績效獎金暨績效管理制度係以團體績效評比作為「分配正向誘因物」的依據，至於擬議中的考績制度修正草案，則以團體績效評比作為「避免負向誘因物」的依據，其理論依據則有賴 B. F. Skinner 的增強理論予以周全建構誘因制度，使個人績效與組織績效得以融合。

肆　政府績效管理為何要聚焦在「團體」的績效評量

Drucker 倡導目標管理，主張任何企業都必須建立起真正的團隊，充分發揮團隊精神，組織的員工都有不同的貢獻，所有貢獻都必須指向組織共同的目標。所謂共同目標，可以從組織結構及績效管理體系等層面分析：

一、從目標金字塔來看

組織之目的在於因人成事，就是透過人員的組織與管理活動，將事情做得有成果。因此：就組織層面而言，組織設計可分為：（一）策略階層；（二）管理階層；及（三）實作階層等三個階層。就管理層面而言，管理活動可分為：（一）策略階層負責策略之規劃；（二）管理階層負責策略的轉化；及

（三）操作階層負責策略之執行。就目標設定而言，政府目標金字塔係由：（一）機關目標；（二）單位目標；及（三）員工目標等三個目標構成。就政府績效管理體系而言，則一個完整的績效管理體系應包含：（一）機關績效；（二）單位績效；及（三）員工績效等三個績效，如圖4-2所示：

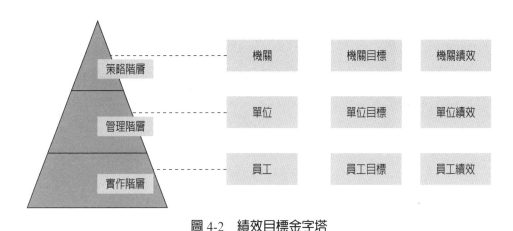

圖4-2　績效目標金字塔

資料來源：林文燦（2009）。

二、從績效管理體系來說

如前所述，我國公務體系並不欠缺績效管理制度，惟弊在績效管理制度疊床架屋，並未做合適的轉化與連結的整合機制。亦即早期研考會所建立的評量層次在於「機關」。而公務人員考績法相關規定的考評層次在於「個人」。就一般管理理論而言，任何機關的績效目標大致可以劃分為三個層次：「整體機關」、「內部單位」及「員工個人」。

因此，一個完整的績效管理制度必須能夠展現機關整體績效、內部單位績效及員工個人績效，形成所謂績效目標金字塔。就制度建構層面而言，我國政府機關績效管理制度除了研考會所側重的「機關層次」施政計畫的績效評量，以及公務人員考績法所側重的「個人層次」的績效考核外，尚須一套承上啟下，側重「單位層次」行動方案的績效評量，如圖4-3所示。

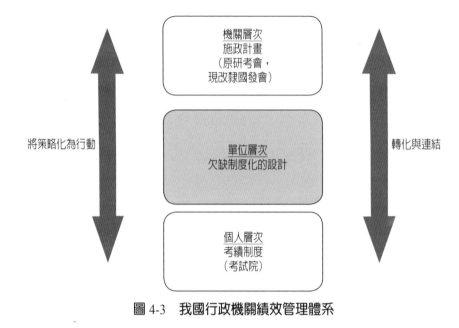

圖 4-3　我國行政機關績效管理體系

資料來源：林文燦（2009）。

第四節　在地化的政府績效衡量制度：政府績效管理分析基本架構

壹　政府績效管理分析基本架構

　　一套完備的績效管理制度不但要有一套績效評量制度，也需要是一套能夠將策略轉化為單位或員工日常業務的行動架構，筆者認為推動行政機關團體評比機制，首在公務人員思維中內化一套具策略導向的績效管理模型（如圖 4-4）。如前所言，筆者將一個本土的策略導向績效管理模式定義為：「在一個組織績效目標金字塔之下，將各層次績效目標間作有意義地轉化和連結，並以多元績效指標，整合、評量單位績效，藉此使員工明確了解機關目標（施政計畫）、單位目標及員工個人目標間的因果關係，使機關的施政

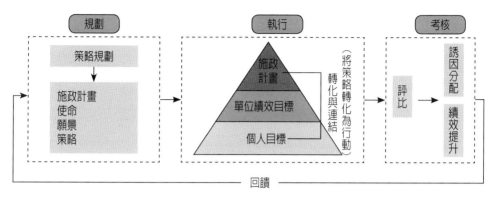

圖 4-4　策略導向的績效管理模型

資料來源：林文燦（2009）。

計畫（使命、願景及策略）得以轉化爲機關內部單位及員工日常的業務，使得機關績效得以持續提升的過程。」（林文燦，2009）

　　因此，筆者將我國行政機關施政計畫推動，定性爲策略導向的績效管理模型，並將其推動步驟敘述如下：

一、步驟一：確定組織的使命願景和策略。

二、步驟二：透過 SWOT 分析外部環境的機會、威脅與內部環境的優勢、劣勢，結合步驟一，形成機關施政計畫（含使命、願景、策略等要項）。

三、步驟三：施政計畫的執行（含績效目標與績效指標的訂定與執行）。

四、步驟四：施政計畫的成效考核。

五、步驟五：施政計畫成效考核的回饋。

　　組織績效管理旨在將組織有限資源用於形成、支持和促進績效管理實務，透過讓員工參與提高組織效能和完成機構使命和目標，提升組織績效。美國人事管理局（Office of Personnel Management）在 2017 年所提出的組織績效管理五要素：包括規劃業務（planning work）和設定期望（setting expectations）、持續監控績效（continually monitoring performance）、精進員工執行能力（developing the capacity to perform）、定期對績效進行總結評

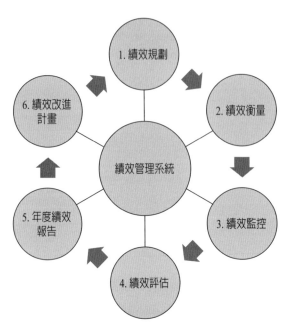

圖 4-5　公共服務績效管理架構

資料來源：OPM（2017）。

估（periodically rating performance in a summary　fashion）以及獎勵良好績效
（rewarding good performance）。此一分析架構，如圖 4-5。與筆者前述自
行發展的策略性績效管理模式，相互印證，有助於讀者對組織績效管理獲得
更清晰的了解，故引用於下：

- 規劃（Planning）：係指組織為員工和團隊設定績效期望和目
  的（Goal），並與員工和團隊研訂績效期望和目的，以引導
  員工朝向落實組織目標而努力。
- 監控（Monitoring）：係指組織持續衡量績效，並向員工和
  團隊提供持續回饋，以期在推動業務的進程中，達成組織目
  的。
- 精進發展（developing）：係指評估和檢討（通過培訓、增加

工作指派）員工需求，以提升執行的能力。

- 評定（Rating）等級：係指依據既定的績效期望、標準和目的評估員工的績效計畫，並在定期評估期結束時，記錄績效評定等級。

- 獎勵（Rewarding）：意味著表彰員工和團隊的績效表現，並確認他們對機構使命的貢獻；並將對員工、團隊的認可，當成持續而自然而然的日常體驗。

貳 政府績效管理聚焦在三個關鍵活動

如前所述，目前理論與實務界常用的績效管理工具有各種態樣，MBO、KPI、BSC、PDCA 及 OKR 等，各領風騷，各有擅場，當然也各有所偏。但筆者多年來的研究，這些績效管理工具共同指向績效管理共通的三個關鍵活動：「規劃」、「執行」及「考核」。不錯，就是所謂的「行政三聯制」，套用這是禪宗的話頭：「萬法歸一，一歸何處。」這個「一」就是「行政三聯制」；真的嗎？各項績效工具都在做規劃、執行及考核，見圖 4-6 即可知其真義，所謂「一張圖勝過千言萬語」，毋須再以文字贅述。

一、行政三聯制

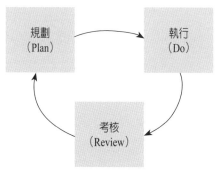

圖 4-6　行政三聯制的三個關鍵活動

資料來源：筆者自行繪製。

二、目標管理（MBO）

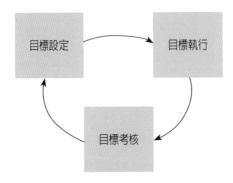

圖 4-7　目標管理的三個關鍵活動

資料來源：筆者自行繪製。

三、PDCA

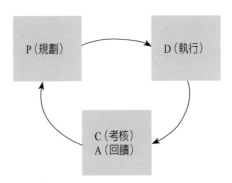

圖 4-8　PDCA 的三個關鍵活動

資料來源：筆者自行繪製。

四、平衡計分卡（BSC）

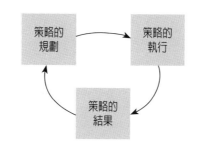

圖 4-9　平衡計分卡三個關鍵活動

資料來源：筆者自行繪製。

五、目標關鍵結果（OKR）

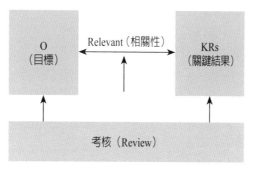

圖 4-10　OKR 的三個關鍵活動

資料來源：筆者自行繪製。

參　案例分享：宜蘭縣政府國際童玩節之績效管理架構

　　宜蘭縣政府績效管理制度的實施，一直是各地方政府推行大型活動的標竿學習對象。例如，宜蘭縣政府施政總目標為：一、營造優質的環境、優質宜蘭人；二、進而創造多元優質文化環境，建構本縣文化發展長遠藍圖。該府文化局為了落實上開施政總目標，基於其業務職掌將之轉化為文化局的機關目標：一、落實「文化產業化」目標，促進本縣觀光及工商發展；二、規

劃興建重大文化設施，推廣各項藝文活動；三、充實圖書館特色館藏，培養良好讀氣，加強為民服務；四、推廣傳統藝術之傳承與創新，形塑視覺藝術鑑賞空間等（以下略）。接著，以前述第一點落實文化產業化目標，促進本縣觀光及商發展的機關目標轉化為例，該局將之轉化為辦理年宜蘭國際童玩藝術節及辦理歡樂宜蘭年系列活動等項。

　　單位目標：宜蘭國際童玩藝術節。1996 年創辦以來入園人數一直呈現倍數成長（28 萬、40 萬、89 萬），2003 年度更為宜蘭創造了 10 至 12 億元經濟效益活化宜蘭產業，帶動區域振興發。上述論述的重點在於，透過績效獎金制度的實施，使得宜蘭縣政府的施政總目標（年度施政計畫）與文化局組織目標及文化局內部各單位目標的轉化與連結，就是政府實施績效管理制度的要義所在。但是，更令人印象深刻的是，他們重視各個層次績效目標間的轉化與連結，這是種將抽象策略及願景轉化成具體明確的內部單位及員工日常活動的具體做法，與 Kapln & Norton 所強調的策略地圖有異曲同工之妙，可以作為中央及地方各機關落實績效管理制度的標竿學習對象。誠如該府簡報分享經驗指出，「本府第一次實施績效獎已大致掌握要領，本府人事除逐訪各單位主管外，對於各單位所提策略目標、施政績效項目未與施政總目標（縣政府施政願景）連結者，退回單位重新訂定，並要求各單位確實依據訂定之項目執行，此外也嚴格要求所屬級機關其策略目標應與本府施政總目標（願景）相連結，不符要求者退回修正，其目的就是要求扣緊本府施政總目標，確定各單位重點施政方向，凝聚同仁共識。」前述宜蘭縣政府的做法，使得機關的施政計畫（使命、願景及策略能夠透過轉化內部單位目標的過程，將施政計畫與內部單位目標及員工目標做緊密的連結（alignment），如圖 4-11。

　　重要活動所指的是可以吸引相當數量的參觀人潮、媒體報導，以及經濟效益的慶典活動。然在現今觀光潮流下，宜蘭童玩節起源於 1996 年，該府為了慶祝移墾二百週年，所規劃之慶典活動，第一屆童玩節就此誕生。這場以孩子為主角的嘉年華會，是聯合國教科文組織下「國際民俗藝術節協會」

宜蘭縣政府施政總目標		宜蘭縣政府文化局機關目標		文化局內部單位績效目標		整體效益
1. 營造優質的環境、優質宜蘭人。 2. 進而創造多元優質文化環境，建構本縣文化發展長遠藍圖。	轉化	1. 落實「文化產業化」目標，促進本縣觀光及工商發展。 2. 規劃興建重大文化設施，推廣各項藝文活動。 3. 充實圖書館特色館藏，培養良好讀書風氣，加強為民服務。 4. 推廣傳統藝術之傳承與創新，型塑視覺藝術鑑賞空間等。	轉化	以落實「文化產業化」目標，促進本縣觀光及工商發展的機關目標化為例，該局將之轉化為： 1. 辦理宜蘭國際童玩藝術節。 2. 辦理歡樂宜蘭年系列活動等二項單位目標。	成效	以「宜蘭國際童玩藝術節」從1996年創辦以來，入園人數一直呈現倍數成長（28萬、40萬、60萬、80萬、89萬），2003年度更為宜蘭創造了10到12億元經濟效益。

圖 4-11　宜蘭縣政府施政計畫與各層次績效目標轉化連結情形

資料來源：林文燦（2009）。

（CI-OFF）的指標性活動之一，在台灣已經創下許多紀錄，包括人數、收入、參與國家數等。擁有超高人氣的同時，童玩節也多次被台灣媒體評選為「最有品牌」、「品質最佳」的藝術節代表，同時也是台灣觀光局所選出、代表台灣的「12大地方節慶活動」之一。讓宜蘭人感到驕傲的國際童玩節，因觀光與在地文化的活動規劃結合，每年的參與人數屢創新高。

下篇

績效管理實務篇

有關本書功用的定位，筆者覺得可以用美國一部名為《魔鬼神探》的影集，在第六季第 10 集，有一句台詞「我不能給予正確的答案，只能提出正確的問題。」再加上一句話「而給予可能的諮詢」。因此，本書的功用或許可以做這樣的敘述：「我不能給予正確的答案，只能提出正確的問題，而給予可能的諮詢參考指引。」因此，筆者在閱讀這本書的時候，不能奉為圭臬，只能作為參考的一些指引。

　　理論與實務界常用的績效管理工具雖有 MBO、KPI、BSC 及 OKR 等績效管理工具之別，但率皆共指績效管理的三個關鍵活動：「規劃」、「執行」及「考核」。本書下篇著重於實際操作，亦以「規劃」、「執行」及「考核」等三個關鍵活動為分析架構，分而論之。

第五章
績效管理第一個關鍵活動規劃階段：做什麼

　　規劃重要嗎？孫子曰：「兵者，國之大事，死生之地，存亡之道，不可不察也。故經之以五，校之以計，而索其情：一曰道，二曰天，三曰地，四曰將，五曰法。……。夫未戰而廟算勝者，得算多也；未戰而廟算不勝者，得算少也。多算勝，少算不勝，而況無算乎！吾以此觀之，勝負見矣。」這段文字用來說明規劃的重要性，重點有三：第一，以「兵者，國之大事，死生之地，存亡之道」表示重要，因此，「不可不察也」。第二，而「經之以五，校之以計，而索其情」就是在強調如何察呢？步驟如何呢？察什麼呢？第三，「夫未戰而廟算勝者，得算多也；未戰而廟算不勝者，得算少也。多算勝，少算不勝，而況無算乎！」，以強調規劃必須落實，必須滾動式規劃。

　　Intel 前總裁 Andrew Grove 在《格魯夫給經理人的第一課》（中譯名）（High Ouput Management）一章中，有一個節次的標題為「規劃是為了明天」，我們若知道「現在」應該採取哪些行動，就可以影響未來。他的基本理念很直白：「在你規劃行動方案之前，一定要記得先問自己；有什麼事情我如果『今天』做了，可以讓『明天』更好，或者至少讓『明天』」不會更糟。」而規劃的步驟大致分為三個步驟，步驟一：預測外在環境需求；步驟二：現狀分析；步驟三：縮小差距（巫宗榮譯，2013）。總括來說，規劃之效用，就是 Drucker 所言，我們無法預測未來，但可以創造未來。

第一節　策略規劃相關概念

《中庸》所言：「凡事豫則立，不豫則廢。」意思是說：任何人做事，必須要有周詳的計畫，再按照計畫逐步執行，才能達成預定的目標，否則，就達不到目標。這個思維提升到組織層面，就是策略規劃。就現代策略管理理論，策略管理有更豐富的內涵。就策略管理理論的當代意涵，策略規劃可以使員工能夠清楚地定義組織存在的目的和理由（使命），以及組織它希望在未來的理想位置（願景），它想要實現的績效目標，以及它將用來落實這些績效目標的策略（行動方案）。一旦確定了整個組織的績效目標及組織的策略之後，就會轉化成內部單位的績效目標，並使組織目標與單位目標得以緊密連結，使各單位設定目標，以支持組織的總體使命和目標。再將單位目標向下轉化成員工目標，直到每個員工明確了解並擁有一套與整個組織目標、單位目標兼容的個人目標。任何績效管理系統的一個重要目標是，提高每個員工對組織目標的了解與貢獻（Herman Aguinis, 2019），因為再完善的策略規劃，還是要靠員工執行之，才能付之實現。

壹　策略規劃為何至關重要

從現代管理的領域來看，策略規劃可以設定集體努力的方向，匯聚員工的努力於共同期待的目標上，尤其是經由時間的推移及組織內部各單位的磨合，使得組織及各單位得以在管理上達成一致性。此一假定是：擁有清晰和堅定的策略，好過欠缺明確策略取向者（Inkpen & Choudhury, 1995）。

什麼是策略規劃？Bryson 將策略規劃定義為，組織透過共同努力所訂定之根本性決策和行動，進而引導和形塑組織成為什麼、它做什麼以及為什麼這樣做。在最佳的情況下，策略規劃要能收集廣泛且有效的信息，要能澄清使命和要解決的問題，要能制定和探索出策略備案，並強調當前決策的未來意涵與影響。策略規劃有助於促進溝通和參與，調合不同的利益和

價值觀，孕育明智和合理的分析性決策，並促進成功地執行，及負起責任（Bryson, 2018）。策略規劃旨在設定組織未來方向，是為了確保每一位員工都真正了解組織存在的原因。它包括釐清使命（組織存在的理由）、分享願景（組織尋求實現的理想狀態）、制定策略（它所做的行動方案）。

　　當然在公共管理的文獻中，也有強調組織策略積極面的論述，根據Poiste & Streib（1999: 308）的看法：「在以結果為導向（results-oriented management）的公共管理時代，有效的公共服務極賴政府機關發展策略管理能力，其主要的管理過程整合組織所有主要活動及功能，引導員工朝著增進組織策略議題邁進。」策略規劃具有以下的好處（Bryson, 2018）：

一、第一個好處是促進策略思維、行動及學習

　　所謂策略思維係指在如何追求目的或實現目標的背景下進行思考。這思考還包含當前所處環境系絡是什麼？及它可能或應該如何改變；目標是什麼或應該是什麼；以及員工需要或可能需要哪些能力或職能，以及如何使用它們來實現目標。至於策略學習定義為組織（或是員工）的任何變化，俾能適應環境變遷；或改變組織或員工能力，以利實現組織目標。簡而言之，策略規劃是一種促進這些思考、行動和學習的方法。

二、第二個好處是改進決策制定品質

　　改進決策制定品質確實至關重要。研究表明，所有策略決策中，至少有一半因決策過程不當而失敗（Nutt, 2002）。策略規劃之所以有幫助，是因為它將注意力集中在組織面臨的關鍵問題和挑戰上，並幫助關鍵決策者弄清楚他們應該如何應對。它可以幫助他們根據未來的後果，做出有利於當前的決定。因此，策略規劃可以幫助組織訂定策略訂定，並清楚地傳達策略。

三、第三個好處是增進的組織效能、責任、韌性和永續性

　　這些好處都指向組織戮力於好管理（good management），好管理可穩定組織。有效能的公部門，更能夠適當地響應外部環境需求。有好管理的組織要比管理不善的組織更能負責任，更具有適應內外在環境變動，增進組織

韌性。

四、第四個好處是增強了組織的合法性

政府部門的合法性的基礎，是建立在能真正爲民眾提供最大的公共服務，正如同筆者前面所提及：「政府存在的目的在創造人民最大的幸福」。

五、第五個好處是可以讓公務人員得到成就感

好的策略規劃，提升政府良善治理，使得公務人員善盡其公務責任的角色，讓公務人員自我成長，形塑專業能力，獲得高度成就感。

一般而言，策略規劃包含四個程序或內涵：一、確定組織使命、願景；二、評估組織內部資源和所處外在環境；三、設置具體目標和方向；四、確定達成目標的策略。而結構化策略規劃的操作架構，基本上是由一個組織影響績效的 SWOT 分析得之。

策略規劃著重於實現組織與其所處內外環境之間的最佳匹配狀態。一方面，對外部環境機會與威脅因素的關注，可以被認爲是從外到內（outside-in）的規劃；另一方面，對組織內部使命、價值觀、願景等內部環境所形成的優勢、劣勢的關注，就是由內到外的規劃。做好策略規劃，將可用全觀視野觀照內外環境，以積極態度按部就班的執行，以策略的思維統領全局，透過完善的策略規劃，可爲美好的未來理想狀態，創造有利的現在。

爲什麼策略規劃如此重要？原因之一是它可以影響企業的績效。爲什麼縱使面對同樣的環境，有些公司成功了，有些企業卻失敗了。研究發現，策略規劃與組織績效存在著正相關，制定策略規劃的企業顯然要比沒有訂定策略規劃的企業更具有績效（趙晶媛譯，2020）。是以，策略至關緊要。

貳　策略規劃的環境分析

讀者知道朱元璋登大位第一個頒布的政令是什麼呢？是大明曆。爲何？我國以農立國，歷代王朝觀察天文，頒布曆法，內載與農業生產關係密切的二十四節氣，對農業生產更強的指導作用。由於環境不變，於是「春耕、夏

耘、秋收及冬藏」，周而復始，於是國泰民安。因爲環境不變。但是，當今世界，無論是大自一個國家，小至一個公司所處的環境特色——「唯一不變的就是變」。

更甚者，面對這種變動不居的環境，各種描述紛紛出籠，最近流行的說法是，處在是一個 VUCA 時代，這個術語是軍事用語，在 1990 年代開始被普遍使用。VUCA 是 volatility（易變性）、uncertainty（不確定性）、complexity（複雜性）、ambiguity（模糊性）的縮寫。近年來政府的環境也同樣地變得愈來愈易變，愈來愈不確定，愈來愈複雜，愈來愈模糊。面對變動不居的環境，政府必須以更全觀、更前瞻的方式，進行策略性規劃；必須制定有效的策略方案，以應變動不居的環境；要有效因應環境，就必須了解環境，了解環境有方法，就是運用 PESTLE 法，該法可提供一個總綱式的架構，以全觀式角度綜觀當前和未來的環境趨勢，讓我們在策略規劃的過程中，充分掌握可能會影響組織發展的趨勢，以及應該如何向前發展。此外，若要分析環境，分析環境中有利、不利因素，所用的結構化方法，就是所謂的 SWOT 分析。這二種技術在策略規劃過程中，極有用處，其中有關 SWOT 在前面章節已經有詳細討論，不再贅述，僅就 PESTLE 法加以說明。

PESTLE 分析，可用於識別和理解可能影響組織的社會經濟因素，是建立新策略的首要步驟，因爲它面對的是組織經營和決策的環境分析。PESTLE 分析可以由個別員工爲之，但最好是在團隊中進行，因爲團隊成員可以截長補短，透過腦力激盪，集思廣益。PESTLE 分析的結果，可以和 SWOT 的分析結果共同運用，可透析社會－經濟因素對組織運作的影響，其因素分析如下。

一、政治：地方、國家或國際等層面的政治變化，會對組織產生什麼影響？

二、經濟：經濟指標（例如，國內生產總值增長、通貨膨脹、利率或匯率）的潛在影響爲何？

三、社會：社會情勢變遷將如何影響該組織（例如，考慮社交網絡在最近幾年的影響）？

四、技術：技術的發展將對該組織未來的運作方式產生什麼影響？

五、法律：法律預期會有哪些變化以及它們可能對組織產生什麼影響？

六、環境：環境的變化和環境實際狀況會對組織產生什麼影響？

第二節　策略規劃的具體做法

　　政府的施政計畫依法編製，施政績效必須事先設定於策略規劃階段。而策略規劃從機關的使命出發，界定了機關公共服務的內涵及其績效。圖 5-1 展示了策略規劃的基礎知識，這是對策略規劃的全部內容的總結描述。A 想知道你在哪裡，B 想知道你想去哪裡，C 想知道如何到達那裡。領導者和管理者在制定、澄清和解決策略問題時，開始理解 A、B 和 C，即組織必須面對的基本政策選擇或挑戰。A 和 B 的內容是組織現有的或新的使命、結構

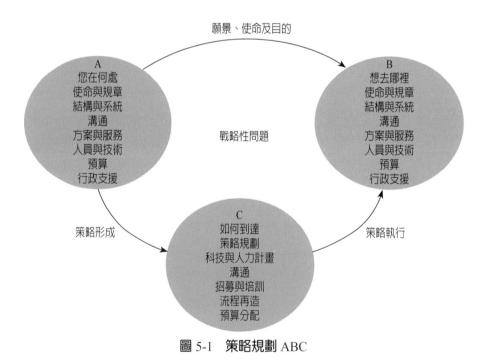

圖 5-1　策略規劃 ABC

資料來源：Bryson & Alston（2011）。

和系統，溝通、計畫和服務、人員和技能、關係、預算和其他支持。C的內容是策略計畫；各種功能的計畫；重新設計、重組或重新設計的方法，預算分配。從A到B需要明確願景、使命和目標。從A到C是策略制定的過程，從C到B是策略執行的過程。要想做好策略規劃，您需要弄清楚A、B和C，以及它們之間應該如何聯繫。您主要透過了解A、B、C及其相互聯繫必須有效解決的問題來完成此任務。這個總結也清楚地表明，策略規劃不是單一的，而是一組概念、程序和工具（Bryson & Alston, 2011）。策略規劃的目的是訂定基本決策和行動，以定義一個組織（或其他實體）是什麼、它做了什麼以及為什麼這樣做。

　　策略規劃不是萬靈藥。如前所述，策略規劃只是一組概念、程序和工具，旨在幫助領導者、管理者和規劃者策略性地思考、行動和學習。利益相關者聯盟以明智而巧妙的方式使用它，可以幫助組織專注於訂定有效的決策和行動，創造公共價值，進一步實現組織的使命，滿足組織的要求，並滿足主要利益相關者的需求。策略規劃不應取代有愛心和忠誠的員工進行的策略思考、行動和學習。筆者從2002年開始負責績效獎金及績效管理制度的推動，在長期研究行政機關績效管理的過程，從績效管理實務出發，尋求績效管理理論的啟發、增益，再由績效管理理論的浸潤，精進績效管理實務，這些年來，從實務印證理論，又由理論引導實務，循環往復，由是所積累的觀點，主張策略規劃應包括三個重要的內涵：一、使命；二、願景；及三、策略。竟與Bryson & Alston這等績效管理著名學者所提「策略規劃ＡＢＣ」的論述，不謀而合，特別於此強調，雖不免「挾洋自重」，但也可讀者研讀本書，更有信心。本節關於策略規劃亦循此內涵敘述。

壹　確定使命

一、何謂使命

　　任何一個組織都是為了某種特殊目的、某種特殊的社會功能而存在的。質言之，使命就是一個機關設置的理由，為什麼要成立這個機關，闡明這個

機關在整個行政體系的「位置」在哪裡，該提供什麼公共服務，簡單一句就是「要知道自己的本分」，也就策略規劃ＡＢＣ的「Ａ」，要明白「您在何處」（where you are）。

Drucker 認為，管理非營利組織或公共組織要從組織使命著手，這一點也許是企業可以從成功的非營利組織身上學習的第一課。組織使命和組織要求使非營利組織能夠聚焦於行動，制定實現組織關鍵目標，最成功的非營利組織投入大量的精力去界定組織的使命，從而使組織成員（既包括正式員工也包括志願者）能夠明確自己的工作方向和任務。例如，救世軍的目標是將被社會拋棄的人，如酒鬼、罪犯、流浪漢等，教育並使之轉變為正常的公民。你們的使命宣言是否包含陳腔濫調？或者是行動導向的？如果你們堅持奉行該宣言，是否有助於組織落實其目標？組織成員是否都明白組織的使命？是否人人都知道自己的工作如何有助於組織實踐其目標與使命（余佩珊譯，2004）。

政府機關的使命非常重要，但公務同仁對使命的認知、界定與運用，卻非常生疏；甚至許多首長、主管及承辦人員，不知「使命」為何物？不但不如台積電、鴻海等管理完善的領先企業，也不如新加坡。這個被國際公認優良公共治理國家，許多政府部門將其使命、願景鐫刻在機關牆上，這是我陪同 12 職等國政班高階文官訪問李光耀學院的所見所聞。

標竿學習就有其必要，筆者嘗試舉幾個國際上具有代表性關於使命陳述，供大家參考。首先，Google 的企業使命是「組織全世界資訊，使之隨處可接觸，且是有用的」（to organize the world's information and make it universally accessible and useful.）。IBM 的使命宣言是「引領行業最先進信息技術的創造、開發和製造，將這些先進技術轉化為我們客戶的商業價值。」麥當勞的企業使命是「成為顧客最喜歡的場所及餐飲方式」（to be our customers' favorite place and way to eat and drink.）。再一次強調，使命是一個機關的設置或成立的理由，因此，當一個機關設置的理由改變，則這個機關的願景、策略、資源的配置都隨之而變，以林務局組織變革為例，依該

局全球資訊網所載：

　　台灣林業機構之設置始於前清同治 12 年，清廷於台灣墾務局下置伐木局專司森林砍伐事務，但未久即又廢置。甲午戰後，日本占據台灣，於台灣總督府下置殖產局經營台灣林業。民國 34 年 10 月光復，台灣省行政長官公署於農林處下設林務局，接收台灣總督府林政營林等業務，將全台劃為 10 個林政區域，設置台北、羅東、新竹、台中、埔里、嘉義、台南、高雄、台東、花蓮等山林管理所，下設分所，另設四個模範林場，並成立林業試驗所三所分掌業務。

　　民國 36 年 6 月台灣省政府為加強林業管理乃將林務局撤銷改組為林產管理局（設置人事室）。36 年 9 月台灣省政府將林政事務及模範林場山林管理所等撥歸農林處直轄，本局僅掌理全台造林及木材生產供應等業務。

　　民國 78 年 7 月 1 日，本局由事業機構及事業預算改制為公務機構及公務預算，自民國 88 年 7 月 1 日起改隸中央為行政院農業委員會林務局，並自民國 93 年 1 月 30 日起，承接行政院農業委員會林業處森林科及保育科之業務，另自民國 107 年 7 月 1 日起設立阿里山林業鐵路及文化資產管理處，以推動阿里山林業鐵路及周邊文化資產之永續發展，迄今，本局職司台灣林務已近七十年，因應各階段特殊之社會需求須作允當之配合，完成時代使命。台灣林業再次承擔起轉型變革的動力與新責任。

1989 年 7 月 1 日前林務局掌理全台造林及木材生產供應等業務；1989 年 7 月 1 日後，林務局由事業機構及事業預算，改制為公務機構及公務預算，轉而職司森林保育業務。因精省政策，自 1999 年 7 月 1 日起改隸中央為行政院農業委員會林務局。當一個機關設置的理由改變，就意味著該機關

「使命」改變了，伴隨而生的機關願景、策略也會改變，資源的配置亦隨之而異，相關績效管理制度也必須改弦易轍，才能展現出機關新使命，所賦予的新績效。

二、在地案例分享

接著，想一下！貴機關的使命為何？其實，我們政府機關也有強項，其中一項就是關於使命陳述，我們不必如同民間企業大費周章的刻意形塑。因為，任何一個機關的設置都要有法源依據，有稱組織法，有稱組織條例，名稱雖然不同，但都會陳述設置該機關的理由，而說明為何設立該機關，就是規範了該機關的使命。信手舉幾個例子來看，「在一般人的印象裡，台灣地區平均每年有 2,000 多毫米的雨量，應該是水資源不虞匱乏的國家；但是因為台灣地區地狹人稠、山坡陡峭、雨勢集中，再加上河川短促，所以大部分的雨水都迅速地流入海洋。因此，台灣是世界排名第 18 位的缺水國家（地區）。」因此，經濟部為何要設置水利署，而水利署的使命是什麼呢？讀者只要上網查詢，就可以在「經濟部水利署組織條例第 2 條掌理下列事項」，獲致梗概，當然要進一步地精鍊。

但筆者發現水利署也患了一個許多行政機關患的通病，那就是在該署全球資訊網，找不到有關該署的「使命陳述」，這是一個大問題。但也有機關使命願景的定位及陳述很明確的，例如，台北市聯合醫院定位為「持續朝社區型醫院經營發展」，很清楚地描繪「使命願景核心價值架構」，如圖 5-2，而且筆者到台北市聯合醫院的和平院區就診時，一進院區大門，入眼在牆高掛「台北市聯合醫院使命、願景、定位及價值圖」，令人敬佩。他們的使命陳述是「照顧市民健康、守護弱勢族群。」從此一使命宣言我們很清楚的了解以下要點：首先，聯合醫院組織存在的原因：「照顧市民健康、守護弱勢族群」；其次，活動範圍：「台北市民的健康」；第三，服務的客戶：「台北市民」以及最後，聯合醫院所提供的產品和服務：「醫療服務」。

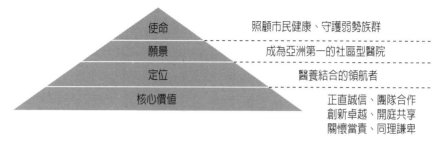

圖 5-2　台北市聯合醫院使命、 願景、 定位及價值圖

資料來源：https://tpech.gov.taipei/mp109161/cp.aspx?n=CDFE6D1C65C796B9。

　　另外還有一個本土案例是審計部的策略績效管理架構，供參閱，如圖 5-3。不過，不再詳述，請讀者自行體會。

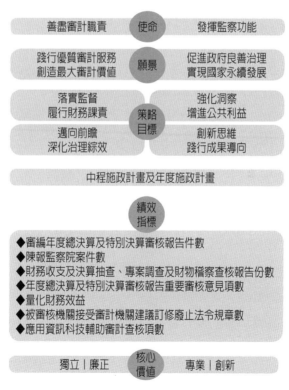

圖 5-3　審計機關策略管理及績效評估架構圖

資來來源：筆者攝於審計部。

　　相信讀者從本土的這一個使命陳述的案例，應該獲益良多；這個使命宣言把一個機關或組織成立的理由，把服務的內涵、範圍、及對象，言簡意賅的陳述，就如同佛家所云：「佛在靈山莫遠求，靈山就在汝心頭。」讀者先從依樣畫葫蘆開始，參考台北市聯合醫院的使命陳述，再細細咀嚼，或腦力激盪，終能形成貴機關的使命陳述。

三、使命訂定參考指引

　　看了這麼多的敘述，讀者可能更想要的是，本書可否提一個可以按部就班的指引，可以循序訂出「使命」的武林秘笈。還真的有呢！筆者依據 P. F. Drucker 在《組織生存力》（中譯名）（劉祥亞譯，2009）的建議稍做修改，以貼近我們的行政機關環境系絡，其整套陳述如下：

　　　　機關組織面對生存問題時，要先作一項自我評估，而這個自我評估工具，最重要的一點就是它所提出的問題。答案固然非常重要的，因為我們需要答案才能採取行動，但重要的還是如何提出問題？〔問題〕：我們的使命是什麼？當我們要界定使命時，你不妨考慮下面的幾個附加問題，它們可能會幫你找到你所需要的答案：

　　　　1. 我們機關正在努力實現什麼？

　　　　你的機關如何看待當前機關的使命？

　　　　你的機關是為了什麼而存在？

　　　　你為什麼要做當下在做的業務？

　　　　最後，你希望組織以什麼樣的方式被人們記住？

　　　　2. 你的組織正面臨著哪些重要的外部或內部的挑戰和機遇？

　　　　你的組織正面臨著哪些重要的挑戰：不斷改變的人口結構、法律法規、新科技的發展，還是來自對手的競爭？

　　　　你的組織當前正在面臨哪些機會——建立合夥關係，學習領

先的管理方法，還是新出現的社會文化潮流？

　　你的組織當前出現了哪些重要的問題，比如說你的組織需要掌握多種語言的員工，遇到了一些跟社區相關的問題、市場份額、醫療成本的增加，還是要改變分銷管道？

　　3. 你的組織使命是否需要重新修正？

　　如果不需要，爲什麼；如果需要，又是爲什麼？

　　如果需要，你要怎樣修正或重新置放自己組織的使命陳述？

　　新的組織使命有哪些優點，爲什麼？

　　如果新的組織使命會遇到問題的話，是什麼樣的問題，主要來自哪裡，爲什麼會出現這些問題，你需要採取哪些行動才能解決這些問題？

　　綜而言之，使命宣示了組織存在的最重要原因，提供了組織目的的訊息。作爲一個人，要莫忘初衷；作爲一個組織，不可忘卻使命，尤其是非營利組織及公共部門更應以使命宣言來校正所推動的政策方向及公共價值，有一句電影的台詞很具有啓示性，很貼切的闡述了使命的價值，分享給讀者：「縱使你們已遊歷許久，千萬不要忘了當初爲什麼出遊。」（Try not to forget why you set out to travel in the first place, even when you've been traveling for a long time.）

四、使命如何指引績效實務

　　每個機關會有不同的使命。使命指引願景，願景決定了策略，策略決定了不同的管理方式。管理應仰賴使命和策略而非來自層級節制體系的控制與命令。績效規劃始於組織的使命，因爲使命界定了組織追求的成效。筆者研讀文獻時，發現一個非常具有參考價值的資料，經整理、改寫，供讀者參考（許瑞宋譯，2017）。

使命	基督教救世軍 1865 年創立於倫敦，1880 年進入美國，是唯一幫助到真正不幸者的組織。它非常成功地服務失敗者，被社會遺棄的人，使他們成為自重的公民。
效能	救世軍顯然是美國效能最好的組織，在使命清晰度、創新能力、可測量的成效、奉獻給精神和發揮資金最大效益這些方面，甚至沒有組織能夠接近救世軍的績效。
界定績效和成果	杜拉克：你們在救世軍如何界定績效？ 奧斯本：我們根據我們的服務表現，界定績效和成果。例如在我們的成人康復（中心主要提供戒酒服務），成功率約為 45%。 杜拉克：在這種例子中，你們以量化方式評估成果，但你們如何界定何謂成果（效）？戒酒服務和初次犯罪者服務（如果你們不照顧他們，他們很可能入獄，大概是比較簡單的情況，但其他工作者你們如何界定成果？ 奧斯本：我們在每一個服務領域都設有明確的績效標準。如果家庭因為失業而需要我們救濟一些食物，我們把成果界定為求助者可以找到能夠養家的工作；如果是問題少年，我們把成果界定為幫助受困少年脫困。 杜拉克：舉個例子，如果有個 16 歲的問題少年，他偷車或偷其他東西。如果你們介入，是否把成果界定為他接下來兩、三年不惹麻煩。 奧斯本：如果我們可以讓他們循規蹈矩六個月，我們就大有希望幫助他們從此不再犯事情。 杜拉克：你們設定績效目標之後，有多常考核績效？ 奧斯本：我們會做年度績效考核。具體的目標每年調整一次。 杜拉克：你們是否曾經放棄某些工作？ 奧斯本：是的，我們曾經停止做某些事。例如我們曾經為離開美國農村來到大型都會區的年輕女性提供宿舍。後來我們發現，現在的社會顯然不需要這種服務，因此也結束這樣的服務。

〔思考〕請根據你的組織的使命宣言，界定你的組織必須追求成效，以及你所做的每一項重要工作必須達到成效。請替你負責的每一個成效領域，設計適當的績效指標。這些新的成效領域和績效指標，與既有的那些有多接近？如果有必要改變，應修改哪些地方？

貳 確定願景

「組織願景應該制度化」，這句話非常重要。這意味著組織的每個員工都應該心心念念，必須讓員工對未來有所展望，讓員工自發性地調整自己的工作，邁向他們可預見的未來，成功的願景能讓員工將現在轉化成組織未來、理想性，創造出高度整體同質性、成功的組織文化。組織的願景應該進一步轉化為每個內部單位的願景。人力資源管理部門也應該有自己獨特的願景陳述。人力資源部門的願景可以設定在三到五年內成為機關策略夥伴。例

如，第 13 屆考試院的願景設定為「稱職的人力資源部門」，那麼，從稱職人力資源部門該有的策略性思維，思考如何重新設計專技轉任公務人員的待遇制度（林文燦，2022），就是銓敘部等中央人事主管機關該有的策略思維及自我績效的要求。

願景是在表述組織在一段特定時間範圍內，期盼想成為的理想樣態。願景描述了組織成功後，將實現的目標。如果願景表述具備夠清晰、有期程，並獲得首長支持等三個條件，則該願景可以激勵您的組織。最膾炙人口的願景案例，是美國總統甘乃迪（John F. Kennedy）總統的願景，他說：「我相信這個國家應該致力於實現這個目標，在這個十年結束之前，讓人登陸月球後，並安全返回地球。」這個簡潔的聲明，激發了美國科學界以及組織中管理層級和員工，共同為實現此一願景，而付出全力。從它被說出口的那一剎起，美國太空總署的專家就開始計畫，如何將實現這一願景所需的數百萬個基本構件組合在一起（Parmenter, 2012）。再舉一個本土的案例，2010 年 11 月 1 日桃園國際機場航空站，從原來的行政機關改制為國營事業單位，桃園國際機場公司正式成立，在開幕典禮上，時任交通部政務次長葉匡時兼任該公司董事長，由於葉次長本身也是管理學者，在致詞時，揭示該公司願景：「三年內全球機場排名進入前 10 名。」這就是本土非常經典的案例。因此，願景是個形成共識，彙眾全力，共同協作的宣言。

一、何謂願景

願景原本是一個抽象的概念，但「願景管理」近年來愈來愈重要，有一個主要原因是受國際村、全球化的現象所驅使，一個跨國公司員工的組成，呈現多元化現象，有可能是非洲人，也有可能是美洲人，也可能是亞洲人，不同的族群、不同的文化、不同的養成過程，形成人力差異化的現象，如何凝聚共識，如何截長補短，成為跨國公司人力資源管部門最重要的任務。願景的形塑，提供這種跨國公司凝聚共識的平台，它就如同矗立在海邊的燈塔，所投射出來的光芒，指引的方向，使得散落在海面的眾多船隻，能夠朝

著正確的方向航行。

　　就一個組織而言，願景聲明係指管理階層、員工期待組織的未來理想狀態或境界？就如同，筆者孩童時想成就狀態，成就的理想狀態。不過，「失敗的公司使願景成爲一張白紙，成功的企業是使願景變成現實。」而我們多數童年共同的願望，不是「我的願望是成爲醫生」就是「我的願望是成爲科學家」。我的願望都沒有實現，太難了。閒言表過。

　　較具體地說，願景聲明是針對「一個組織未來（大約五年至十年）期盼成爲什麼的描述。」讀者如果研讀過許多績效管理書籍或績效管理課程，常會有個困擾：「先有使命？抑或是先有願景？」論者有不同的意見，筆者曾經困擾過，不過筆者願引用 Herman Aguinis（2019: 107）的觀點，他主張：「願景陳述通常是在使命陳述之後，因爲組織需要先知道本身成立的理由，或設置的目的之後，才能弄清楚組織要成爲什麼樣的組織，就如同作爲人，我們先要知道自己是什麼人，才有機會弄清楚自己想成爲什麼樣的人。因此，在許多情形下，願景陳述通常包含二個組成部分：一爲，核心意識形態，謂之使命；另一爲，設想的未來，即願景本身。核心意識包含組織設置之目的和核心價值；而設想的未來，則指定了組織長期渴望的狀態或圖像。」綜而言之，使命側重於當下，而願景則著眼於未來。這句話很經典，讀者若能有這樣的認知，就不會再被使命與願景孰先孰後？使命與願景如何區別等問題所困擾了。願景就是一個組織（無論是政府機關或民間企業）未來成功的模樣是什麼？

二、願景案例分享

（一）民間企業願景案例分享

1. 迪斯尼樂園公司的願景

　　迪斯尼樂園公司的願景，就是希望它「成爲地球上兒童最快樂的地方」；這種和公司的長遠成功密切相關。一個願景就相當於一個公司的衛星導航系統，一個願景須包含：這個願景務必是一個令人激動的而且具有

前瞻性而有挑戰性的目標。Ken Blanchard & Jesse Stoner（2002）《願景的力量》（中譯名）（子玉譯，2004），在該書的書評中，有這樣一段評語：「我所拜讀過的願景叢書中，就屬這本陳述得最清楚、最中肯，賦予願景意義與生命。」我也拜讀了該書，這本書的第一句話，畫龍點睛：「願景創造焦點。願景確認出方向。願景鬆綁力量。願景讓人全速前進（Full Stream Ahead.）。」Ken Blanchard 針對願景的定義爲：是知道你是誰（重大之目的），你要去哪裡（未來之圖景），以及什麼將指導你的旅程（清晰之價值觀）。（Vision is knowing who you are (Significant Purpose), where you are going (A Picture of the Future), and what will guide your journey (Clear Values).）

2. IBM 及 Google 公司願景

　　IBM 公司在該公司網站的願景聲明是「成爲世界上最成功和最重要的資訊技術公司。」（to be the world's most successful and important Information Technology Company.）而 Google 的企業願景是「一鍵接觸全世界資訊」（to provide access to the world's information in one click.）

3. 麥當勞願景

　　「我們的總體願景是讓麥當勞成爲一家現代、進步的漢堡公司，提供現代客戶體驗。」在 2017 年更改爲「與時俱進，推動盈利增長，成爲一家更好的麥當勞，每天爲全球更多顧客提供美味佳餚。」麥當勞的願景聲明在滿足制定理想願景聲明的標準方面非常出色。例如，公司的企業願景清晰簡潔。它也著眼於未來。這種關注使聲明在未來業務情況的適用性方面保持穩定。此外，對成爲更好的麥當勞的強調使企業願景聲明具有挑戰性和啓發性。這些特點使公司的企業願景令人滿意。但是，適當的改進是包括有關公司如何使自己變得更好的信息。

（二）政府機關願景案例分享

1. 台灣大學願景

　　在我國公部門績效管理實務上，筆者常引用的兩個案例，第一個是台灣大學李嗣涔擔任校長時，曾經以「80 台大，進入百大」作爲台灣大學的願

景，這個願景揭示了兩個重要的要素：第一個是有時間性，他期盼著台灣大學進入 80 歲的時候，同時也能夠在台灣大學內部各個部門，這部門包括人事單位、學務單位、教務單位等，共同依循著同一個願景，訂定每個部門本身個別的績效目標，並使之有成效，期盼這個願景在 80 歲的時候能夠進入世界百大的學校就是一個願景，就是一個大學想要追求的理想狀態。

2. 桃園機場公司願景

公共電視新聞網 2011 年 8 月 2 日報導，爲了整頓狀況不斷的桃園國際機場，桃園機場公司在今天正式成立，首任董事長也是交通部政務次長葉匡時今天表示，除了改善先前飽受外界詬病的負面形象外，第一要務還有要全力投入興建第三航廈。天花板漏水、行李輸送帶當機、空橋坍塌、甚至是廁所汙水流出，這些都是桃園機場先前的負面形象。爲了避免國家門面狀況百出，扭轉外界對桃園機場的負面印象，桃園機場公司在今天成立，當時，也宣布機場公司的願景「三年內要讓桃園機場進入全球前 10 大」，結果不到三年，反應在國際機場協會（Airports Council International, ACI）舉辦的機場服務品質（Airport Service Quality, ASQ）評比中，針對 ACI/ASQ 所做的機場服務品質評鑑方面，機場公司應逐項做分析評比，逐項改進桃園機場 2012 年第三季即進步到第 11 名，第四季更進入第 10 名，在 2012 年第四季就達成了。這是一個具有「可操作性願景」的本土案例，因爲它具備「可操作性願景」的有二個要素：第一是揭示「三年」；第二是揭示「進入全球機場前 10 大的理想狀態或形象」。

三、訂定願景的參考指引

如何做出可操作性的願景呢？這個陳述包含兩個要素：第一，所謂願景，係指機關未來想要成爲的理想狀態或形象。第二，所謂具有操作性，係指機關朝著想要達成的理想狀態，透過具體的行動可望在可預見的未來會達成的結果；願景之所以具有可操作性，是因爲願景會使得機關對所處環境系絡的分析與控制，對員工有所鼓舞，勾勒一個明確而清晰未來焦點。它好比

是座落在海岸邊的燈塔，指引著來自大海各個方向的大小船隻，透過船員們共同操作（可操作），在可預期的航程（時間）下，航向（方向）美麗的彼岸（願景）。

　　筆者要再一次強調，「願景不是一個抽象的概念，而是可透過績效目標及績效指標的設定，可以使之成為可操作性理想狀態的陳述。」何故？桃園機場公司的願景確定後，上下同心協力，根據國際機場協會舉辦的機場服務品質績效指標逐項分析精進，2012 年第三季即進步到第 11 名，第四季更進入第 10 名，在 2012 年第四季就達成了。這是一個非常經典本土案例，筆者當時在交通部服務，與有榮焉，特別有感動，也深深覺得績效管理領域內的平衡計分卡所強調：「組織的使命、願景應轉化成策略，再將策略轉化績效目標後，透過訂定適當的績效指標，使得策略得以化為行動，策略得以化為成果。」在機場公司實施績效管理過程中得到印證。

　　如同前面言談「使命」時，讀者可能更想要的是，本書可否提一個可以按部就班的指引，可以循序訂出「願景」的練功口訣。筆者找到前面提到 Drucker 在《願景的力量》（中譯名）的建議稍做修改，以貼近我們的行政機關環境系絡，提出幾個要注意的法門，陳述如下：

　　〔問題〕我們的願景是什麼？

（一）您機關的願景是否有下列三個要素？

要素 1：重要大之目的

目的意味著清楚地了解我們在這裡所為何來，我們為什麼存在。目標意味著了解我們真正從事的業務是什麼，以便機關所有同仁匯聚努力全力支持該目的。一個好的目的陳述需要解釋「為什麼」，並且具有「服務更大數的民眾」的宏願，尤其是提供公共服務的政府部門。目的之意涵係指：

(1) 目的是您的組織存在的理由。

(2) 它回答了「為什麼？」的問題。而不是僅僅解釋你在做什麼。

(3) 它從人民（客戶）的角度，闡明了機關真正從事的業務。

(4) 偉大的組織會具有深刻而崇高的目的感，一種重大的目的，激發機關

成員的興奮和承諾感。

(5) 願景陳述對民眾所具有意義，遠比文字本身更重要。

要素 2：未來之圖像

未來圖像顯示了你要去哪裡，係指：

(1) 最終結果的圖像，可以讓同仁看到實際看到的事物，而不是模糊不清。

(2) 專注於你想要創造的事物，而不是你想要擺脫的事物。

(3) 聚焦最終結果，而不是到達的過程。

要素 3：清晰之價值

價值是一種信念或理想，或者是使之成為人們想要或嚮往事物的品質（例如，真正友誼的價值）。價值觀不僅是信念而已，它們根深蒂固。人們熱情地關切他們的價值觀。當我們按照我們的價值觀行事時，就會自我感覺良好。價值觀是根深蒂固的信念，它們定義了對我們每個人來說：「什麼是對的，什麼是錯的」。它們為我們的選擇和行動，提供了指引。

判斷某機關是否擁有核心價值的三個基準：

(1) 他們所選擇的價值觀，能夠支撐他們目的和未來的圖像。

(2) 他們所設定的價值都是最重要的，通常只有四、五個而已。

(3) 這些價值是有位階性，當機關面對價值衝突時，上位階價值優先。

如果前述「目的很重要」，因為它解釋了「為什麼？」；而如果「未來的圖像很重要」，是因為它表明了「我們身在何處。」那麼這裡的「價值觀很重要」，是因為它們解釋了「如何做？」。他們回答了這樣一個問題：你每天只要「依循價值行之，按未來圖像前進，就知道每天該做什麼。」

（二）您機關落實願景時，是否循下列步驟？

1. 創造一個能夠闡明目的、未來圖像和價值觀的願景。

2. 誠實地評估機關的現況，願與其所形成壓力共存。

3. 設計出能夠與願景匹配的組織結構。

4. 設定付諸實現的目標和行動計畫。

（三）您機關是不是擁有「令人信服的願景」之自我測試指引？

1. 是不是能幫助了解我們機關真正是在從事什麼業務？

2. 是不是能提供我們機關可實際看到理想未來的圖像？

3. 是不是能提供指引，作為我們日常決策的指南？

4. 能歷久不衰嗎？

5. 是不是使我們「偉大」，而不僅僅著眼於在競爭中勝出。

6. 能令人鼓舞嗎？不僅僅用數字來表達。

7. 能感動人心及振奮精神？

8. 能協助每位員工也可做出貢獻嗎？

參　確定策略

使命、願景、策略、行動方案及員工之間是個層層相連、環環相扣的體系。策略是落實組織使命、願景的方法或手段。在政府部門中，策略可以讓機關更有效地整合有限資源，落實施政計畫所預期的政策目標。

一、何謂策略

在政府的系絡之下，面對政治情勢、社會變遷、經濟資源、資訊科技、民眾的無窮需求等複雜環境條件下，策略已經成為各機關業務發展必要的思考及行動方案。各個策略管理學派皆有所定義，因基於政府部門的特殊環境系絡，在策略管理學派上係採「設計規劃」學派的理論，為避免讀者讓眼花撩亂，直接引用 Alfred Chandler、Kenneth R. Andrews 和 Igor Ansoff 等設計規劃學派三位主要代表人看法，Chandler 在 1960 年代初出版了《策略與結構》一書，策略是決定企業的基本長期目標，以及採取行動和分配資源以達成這些目標。Andrews 在《公司策略思想》中：策略是為了達成目標、意圖或目的，而訂定的方案和計畫的一種模式。這種模式界定了公司當前或未來所從事業務的經營，並規範了公司當前或將來的發展類型。Ansoff 認為策略就是基於組織所擁有的資源，所勾勒出的組織未來發展方向。綜合言之，所

謂策略係指確立組織的基本長期目標，制定行動方案，配置必需的資源，監控執行程序，以實現目標。策略是實現組織目標，獲得績效的思維、邏輯及方法，以確保在某一段期程內，達到預訂績效目標。

在政府系絡之下，所謂策略是一種目標、政策、計畫、專案、行動、決策或資源分配的模式，它們定義了一個機關是什麼、做了什麼以及為什麼這樣做。策略可能因層級（按，可分為機關層級、單位層級及個人層級）、功能（按，可分為策略功能、管理功能及操作功能）和時間框架（按，可分為短期策略、中程策略及長程策略）而異，並且顯然取決於它們對策略的預期或策略執行成效。這個定義是較為寬泛，其目的在於使管理人員及工作同仁，在意圖上：（員工在意什麼）、選擇（人們決定並願意為之付出什麼）、行動（人們做什麼）以及這些行動的後果之間建立共識（Ackermann & Eden, 2011）。

當組織全體同仁明瞭組織存在理由的「使命」、未來追求境界的「願景」，接著，就是探討如何將使命、願景等抽象概念、理想狀態，透過側重於各種調合與適配時間資源、物理資源、人力資源等調配的行動方案，使之付諸行動，使之付諸實現者，稱之為策略目標或策略方案。筆者試著對三者關係勾勒出一個整體的論述。「使命」是組織一切的根本，是成立一個組織或設置一個機關的理由。「願景」則是對這個組織或這個機關未來期待或形象（image），一個理想的組織形象或狀態；「策略」則是落實使命、願景所採取的各種方式及行動，有關組織內外資源的合宜性配置。使命、願景等透過「轉化及連結」，使之由抽象到具體，由理念到行動方案。這整個完整的研究領域，就是所謂的策略管理。

二、案例分享

用怎樣的案例，能夠讓讀者明確而清晰認知，策略到底是什麼？到底扮演什麼角色？筆者覺得策略是一個組織針對其所處內外環境綜合分析，整合各種有限資源，爭取組織最終、最大成效。能夠讓使命、願景、價值等

策略規劃意涵、理想的指引，成為付諸實現的各種行動方案；是一個轉化理想，連結實務的行動方案。因此，筆者覺得策略應該最像是「橋梁」或「隧道」，相對「走雲端」，它是一個可以讓我們腳踏「實地」。舉個例子來說，大家所熟知的明朝皇帝朱元璋的開國歷程，就可以用使命、願景及策略三者間的轉換與連結的概念加以描述。朱元璋義軍的使命：以「驅除暴元，拯救黎民於水火」為己任；願景：舉「恢復漢唐盛世，國泰民安」為大纛；策略是：用「緩稱王、高築牆、廣積糧」為方略，因為「緩稱王」，不是反叛，就不會成為元朝脫脫宰相優先剿滅的目標；因為「高築牆」，難被攻陷，成為難啃的骨頭，就不成其他勢力可欺凌而併吞對象；因為「廣積糧」，就成為各地飢民或兵丁遊勇投靠的對象，冷兵器時代打的是人口，打的是兵力。因此，別人愈打兵力愈少，人口愈少；朱元璋愈打兵愈多，人口愈多。根據歷史評論家的評論，這是朱元璋最終能稱帝的主因之一。可見，好策略多麼重要。各位讀者看到此處，我們休息一下，請問朱元璋這個好策略是誰建議的呢？　各位直接的反應，應該會猜是：「神鬼莫測的劉伯溫」，但各位答錯了！是一位名叫「朱升」的幕僚。

　　回到正題，在績效管理實務上，所有行政機關在策略規劃階段檢討使命、願景、策略計畫；在執行階段都必須將之轉化成績效目標，組織由上而下將總體的績效目標轉化成單位分目標，再轉化成員工個人目標，然後透過員工自我控制及自我管理，確保機關總體績效目標得以執行，組織績效得以提升；最後，機關織根據單位目標、個人目標的完成情形，進行考核及獎懲。總而言之，機關或組織的透過策略規劃，產生我們熟知的所謂各機關的施政計畫，因此，我們各行政機關、研考機關或單位所列管的施政計畫，就是策略規劃的產物，它包括各機關的使命、願景和策略。接著，向下延伸為各機關及內部單位的列管的年度計畫，而這個年度計畫更側重於執行，於是包含更細緻的年度績效目標，關鍵績效指標等，將在下面的章節討論。讀者閱讀到此，是不是會對績效管理的「規劃」、「執行」及考核的理論與實務，有更清晰的了解，如果沒有，請再閱讀一次，並請多多體會。

寫到這裡讀者停一下，看一看你們機關有沒有「明確」的使命、願景；「可執行性」的策略，如果沒有，那你們就會感覺盲盲盲，每日忙忙忙，常常茫茫茫。不知爲誰辛苦？爲誰忙？如此，如何奢談績效！

三、設定策略的參考指引

本書既然定位爲操作手冊，則讀者最渴望的是，有沒有建構策略的操作步驟，筆者翻閱許多相關文獻，日本學者山梨廣一（2019）所著《麥肯錫簡明策略──策略構築的 6 個基本步驟》（中譯名），非常具有參考價值，筆者以該書爲基礎，結合我們政府績效管理實務而改寫，以供參考。

（一）設定策略目的：最開始的步驟是對策略目標進行明確的設定和定義

所有策略目的的本質都要具備簡明扼要的特性，能夠透過策略達到機關的使命及願景。爲此，首先，我們要釐清寫策略目的，不管在什麼時候都具有意義，任何人都不能把含糊不清的描述，寫入機關之策略目的之中。因此，在討論策略目的時候，我們還有必要先梳理一下所處環境，有些機關或組織一開始就把步驟三的熟悉組織環境提前討論，然後才開始討論策略目的。

有關策略目的陳述，最好是能夠一句話就形容好了。例如，金管會曾經將策略目的（願景）定位爲「使台灣成爲亞洲的瑞士」，可見策略目的定位，要更高、更大、更具體，絕不能只滿足於現狀，或稍作努力就能達到的水準。只有透過訂定一個高難度之目的，挑戰目的，超越目的，才能使組識獲得眞正的績效。

（二）定義限制條件

公共服務的特性常成爲政府績效提升的前提條件，也成爲限制條件。最直觀的條件限制就是公共服務的公共性。依據吳瓊恩教授（2006：8-11）的看法，公共組織的公共特質包括：1. 公共行政的活動深受法律規章及規則程序所限制；2. 公共行政受到高度的公共監督；3. 公共行政受到政治因素的影

響甚深；4. 公共行政的組織目標大多模糊不清而不易測量；5. 公共行政較不受市場競爭的影響。由此可見，政府機關在策略目的設定之前提，受到更多的條件限制。

當鐵路局在設定其營運策略時，就會較高鐵公司受到更多的條件限制，其條件限制可以從立法院交通委員會審查 2021 年度中央政府總預算時，台鐵局官方對於虧損原因所說明略為，台鐵肩負公共運輸責任，高鐵通車後，運量雖有成長，但占有率卻每況愈下，加上承擔舊制退撫金的龐大支出、負擔法定優待票差、服務性付現與小站虧損、費率管制及天災造成路線中斷所衍生的營運損失等，導致每年虧損。總之，政府機關在管理方面雖自企業管理中獲取借鏡，但政府績效機管理的目的卻不侷限於企業管理追求營利的狹隘目標，例如，政府部門除需市場機能的運作外，考慮多元價值衝突以及保障弱勢團體的權益。不僅，以營收比較台鐵與高鐵不公平，就是以長庚醫院、新光醫院的營收，去貶抑台大、榮總等公立醫院，都忘了這些國家級醫院所肩負的公共衛生、公共醫療及教學研究等公共目的之成本。而這些公共價值的使命往往成為政府機關在訂定策略目標的前提，也成為條件限制，不可不察。

（三）觀察分析環境

一旦確定了使命和願景之後，機關就應該進行建構策略的第三個步驟，觀察和分析機關所處的環境的有利、不利因素，審視之。亦即，策略規劃最主要任務就是利用優勢，彌補劣勢，以協助組織抓住機會和避免威脅，通常稱之為 SWOT 分析，有兩個重點：一個是環境是什麼？環境中有哪些利害關係人，這些利害關係人互動時所遵循的規則為何？另一個是用什麼方法可以有系統的或更有結構化的工具，用以分析環境？

那麼，我們為什麼要做 SWOT 分析呢？因為它是一個策略規劃有效的結構化工具。1960 年代，安德魯斯與安索夫為首的策略規劃學派論述，在變動不居環境中對組織的永續生存，存在著許多可控的有利因素及不可控的

不利因素；基於控制論思維企業經營活動與內部資源匹配的重要性以及策略規劃在經營活動中的指導性作用，從而為策略規劃理論的發展奠定了基礎。策略規劃首先要收集和分析企業內外部資訊，在此基礎上進行策略的制定、實施和控制，在每個過程中都要使企業內部資源與外部環境相應。理論基礎權變理論，策略規劃的成敗取決於「內部資源」能否「適應外部環境」的不斷變化，因而企業策略規劃應該是一個動態的過程（張自義，2014）。總之，SWOT 經常用於目標規劃階段，是一個組織「能力可做」（組織的優勢劣勢）和「可能可做」（環境的機會和威脅）之間的調和措施：1. 優勢和劣勢是內部因素（您可以控制的事情），例如團隊成員、軟體和地理位置；2. 機會和威脅代表外部因素（您無法控制的事物），例如競爭對手、法規和經濟趨勢。

肆 策略規劃本土案例分享

依據 2005 年人事局的績效獎金暨績效管理管理訪視計畫，筆者率團至金管會訪視並做組織學習，當時該會推動績效管理制度的情形，說明了金管會結合使命、願景，透過 SWOT 形成執行策略規劃的成績，在當時推動的行政機關中的確是值得學習分享，筆者將之整理誠如圖 5-4，讀者可做公評及參考。其中，最讓筆者驚豔的是，該會主任委員龔照勝所揭示的金管會的願景為：「打造台灣為亞洲的瑞士」，這樣的願景完全抓住理論上願景的定義，更可成為我國金融管理機構在實務執行的指南針或北極星。但好景不常，隨著龔照勝主委 2006 年去職，筆者再率團至金管會組織學習時發現，金管會此一「理論實務」兼具的願景也隨之人亡政息，頗為可惜；更讓筆者嘆息的是在媒體上發現一個報導：2007 年《中國時報》記者楊明暐綜合報導報導標題：「新加坡新願景，成為亞洲的瑞士。」

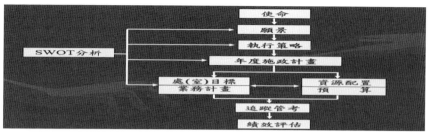

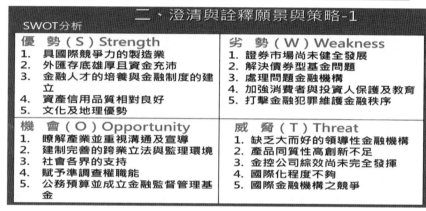

圖 5-4 行政院金融監督管理委員會策略規劃及績效衡量體系

資料來源：行政院金融監督管理委員會簡報（2005）。

第六章
績效管理第二個關鍵活動執行階段：如何做

　　「策略規劃」階段的成品是策略方案，是可執行的行動方案，即我們熟知的行政機關施政計畫，而「策略方案」是策略規劃階段與策略執行階段的橋梁，我們深知良法不足以自行，僅僅有好的策略規劃遠遠不足，必須將策略所蘊含的預期變化，付諸實現，並為機關及民眾創造真正的價值。

　　「執行」是策略目標與成果間的橋梁。重要的是，如何執行呢？如何付之實現呢？政府施政的良法美意、施政藍圖及使命願景，如何落實到執行層次，一直是個持續努力而難盡人意的目標，如前所述，「策略與執行分離」、「規劃與執行脫勾」的問題，同時寓意著傳統績效管理的困境，並宣示績效管理學術界與實務界一個新興的研究課題，那就是策略性績效管理（Strategic Performance Management），也就是執行階段的後設理論，也是各家績效管理理論與實務的學者專家最關切的課題。

　　一般而言，企業目標較為單純，就是以營利為目標；而政府機關目標往往被多元且衝突所環繞。因此，政府部門更需要複雜多元目標的整合。因為，政府機關常常面臨組織內不同層級的管理及內部協調的問題，因此，如何確保組織各個層級對組織策略有一致或共同了解，非常重要。一項實證研究指出，垂直性策略的校準（vertical strategic alignment）對於政府處理複雜業務、多重衝突目標及公共服務的落實，大有裨益（Rhys Andrews et al., 2011）。Drucker 曾說，可將執行視為如何將策略轉化為行動方案的過程，可將之視為訂定策略目標之後，轉化、分解成一些具體的目標、具體的任務，最終，成為一個明確而具體的目標體系，讓這個目標成為企業所有員工

的共同目標，其目的在求得「策略的垂直轉化與各層級目標的連結，以齊一行動。」更暗合 Kaplan & Norton（1996: 75）平衡計分卡的重點，除了眾所皆知聚焦於構面及構面間的平衡外，更重要且為多數人所忽略之處：一、如何將策略化為行動；及二、策略如何化為結果，成為落實策略性績效管理學術及實務的基石，成為訂定行動方案策略如何化為行動，績效管理的哲學基底就是持續精進、力行的哲學。

Ram Charan 是當代管理大師在 2002 年書名為《執行：如何完成任務的學問》（中譯名）（Execution: The Discipline of Getting Things Done）的暢銷書中，宣告「執行的時代已經來臨」，宣示「執行是目標與結果之間的橋梁」，一句話就將執行的重要性，發揮了淋漓盡致，並對執行的內容，做具體的界定，他說為了更好地理解執行的含義和要求，必須要記住三個要點：一、執行是一門學問，它是戰略實施中不可或缺的關鍵環節；二、執行是企業領導者的主要工作；三、執行必須成為企業文化中的核心元素。另外，最為重要的是，企業的領導者和他的領導團隊必須親自參與。執行是企業領導者的主要工作，但很多企業領導者都認為，作為企業的最高領導者，他不應該屈尊去從事那些日常例行性工作。這樣當領導當然很舒服了：你只需要站在一旁，對於一個組織來說，要想建立一種執行文化，它的領導者必須全身心都投入（劉祥亞等譯，2016）。

第一節　執行相關概念

壹 執行的理論意涵

除非各級領導層都能夠切實地掌握和實踐執行的學問，否則沒有一家公司能夠徹底兌現自己的承諾，也無法真正地適應不斷變化的環境。執行應該成為一家公司策略和目標的重要組成部分，它是目標和結果之間的橋梁，從

這個意義上說，它是一名企業領導者的主要工作。作為一名領導者，如果不知道如何去執行，你的所有工作都將無法取得預期的結果。

　　一般而言，企業目標較為單純，以營利為目標；而政府機關目標往往被社會多元價值及難免衝突的利害關係人所環伺。因此，政府部門一方面要面對外在環境，整合複雜多元利益與目標；同時，也必須面臨組織內不同層級的管理及內部協調的問題，要知道，組織各層級對組織策略的落實作用不同，但都很重要，因此，如何確保組織內部各個層級人員對組織策略有一致或共同了解，非常重要。垂直性策略的校準（vertical strategic alignment）對於政府處理複雜業務、多重衝突目標及公共服務的落實，大有裨益。Drucker 說：將執行視為如何將策略轉化為行動方案的過程，確立一個明確而具體的目標，讓這個目標成為企業所有員工的共同目標，可指引企業行駛在正確的道路上。「策略的垂直轉化與各層級目標的連結，以齊一行動。」

　　其次，Kaplan & Norton（1996）平衡計分卡的重點除了眾所皆知聚焦於構面及構面間的平衡性外，更重要而為多數人所忽略之處為：一、如何將策略化為行動；及二、策略如何化為結果。總之，平衡計分卡的真義，在於奠定一個落實策略性績效管理學術及實務的基石，隨而訂定行動方案策略，以促使策略化為行動的績效管理技術，其哲學基底就是我們熟知的講究持續精進的力行的哲學，就是明代大儒王陽明所主張的「知行合一」論。

　　政府部門的施政計畫往往被譏為陳義過高，致執行不力，這似乎是多數國家政府部門的通病。Drucker（1980）在一篇名為〈公共行政的致命缺點〉（The Deadly Sins in Public Administration）文章，指出政府部門有六大致命缺點，致施政績效難以彰顯。第一個致命缺點是陳義過高的目標（a lofty objective），例如公共政策方案的目標訂為「健康照護」、「照顧弱勢」。這充其量是一種意見的陳述，是在說明一個訂定該政策的理由，無法呈現政府部門真正落實該方案的具體作為。以這種意見陳述當成一個目標，無法有效地完成該業務。因為任何業務或目標一定要具體、平實並能聚焦，否則無績效可言。機關的使命、願景明示未來的方向及理想陳述，必須轉化成具體

可達成的績效目標及可衡量的績效指標，換言之，在執行階段聚焦於二個重點：一、設定關鍵而具體的績效目標；以及二、訂處可衡量的績效指標，俾能將概念陳述範疇的使命、願景，轉化成具體化以及可操執行的行動化方案。

貳　執行內容要項

　　要言之，執行內容包含：一、績效目標的訂定；及二、績效指標的訂定等二個要項。

一、訂定績效目標

　　服務機構的抽象目標同樣可以轉變為具體的可衡量目標。教會的目標「拯救靈魂」無疑是抽象的，帳簿不適用於信仰的世界，但禮拜活動的到場人數是可以衡量的，「召喚年輕人回到教堂」同樣可以衡量。學校的目標「人的全面發展」無疑是抽象的，但「教孩子在三年級結束時學會閱讀」卻非常容易精確地衡量。無論企業還是服務機構，只有具體的、有限的、界定清晰的目標才能夠實現。只有在目標定下來之後，轉化成為可衡量的績效項目，才能進一步配置需要的資源，確定優先事項，設立最後期限，指定專人對成果負責，如此方可確保施政計畫的執行，在可控的方式下進行（余佩珊譯，2004）。

　　績效目標匯聚了機關各項資源，因此不好的績效目標比沒有績效目標，危害更大。實施績效管理的目的有：（一）機關首長或單位主管擁有有效管理員工的工具；（二）公務人員明確了解首長或主管的要求及機關共同努力方向；及（三）告訴民眾政府或公務人員到底做了什麼？要能夠達到上述三個目標，績效目標就必須具有可衡量性（measurable）；也就是說績效目標一定要有目標值或績效值。因此，訂定績效目標的第一步必須明辨工作項目與績效目標的差別，例如，「提高機關公文電子交換」是工作項目，因為它欠缺一個可以衡量的目標值或績效值，員工、管理層級與民眾間就欠缺一個

共同的指標，對於績效是否達成，難免各說各話，但是，如果賦予一個目標值或績效值「提高機關公文電子交換成長率為50%」，則有個明確的共同努力方向。

（一）績效目標的要義

績效目標的要義，「就是透過目標值或績效值來界定成果。」績效目標代表著一個機關指導員工共同的努力方向。筆者認為機關所訂定的績效目標除了具有目標值外，要包含二個特性：1.關鍵性；2.具有挑戰性。

1. 績效目標需具有關鍵性（依循80/20原則訂定）

每個單位目標均為數眾多，但並非均足以列為績效目標。在選定績效目標時，應把握「抓重點，講績效」的「關鍵性」的原則。是以，關鍵性的績效目標應選擇足以顯現該單位的重要性業務，應足以代表單位所有主要核心業務，不宜僅挑選少數較有把握達成之業務設定目標。當然無論從學理上或實務上，並無所謂「適當數目」的建議。但是，在我們推動過程中發現某些部會還是未能掌握「關鍵性」的原則，例如，某部總務司績效目標高達52項，且許多例行性工作，未掌握KPI原則，除造成額外文書作業負擔，亦無助於機關重要績效提升。

2. 績效目標需具有挑戰性（困難性、創新性）

Locke & Bryan（1966）所提出的目標設定理論（Goal-setting Theory）及隨後的大量研究，總結以下的理論：與缺乏目標的研究相比，90%擁有挑戰和具體目標的實驗及實地研究都會獲得較好的成果。設定具體（SMART）目標可以比模糊目標帶來更好的效果（馬新馨譯，2013）。在績效管理實務上，衡量績效目標是是否具體執行的基準，可展現在「目標執行度」及「目標達成度」二個總和衡量項目之上。承上目標設定理論重要的發現是，目標愈具挑戰性，人們就會愈努力。但是，這種對績效的潛在影響受到兩種因素的制約：第一，人們在向目標前進的過程中需要定期詳細的反饋；第二，人們必須致力於實現目標。在績效管理實務上，衡量績效目標是否具有困難的

基準，可展現在「目標困難度」。這一點很重要，因為在實務上，筆者發現若不衡量目標的困難度，許多主管或機關就會選擇簡單的目標，「柿子挑軟的吃」是人類的天性，也是機關的通病。

總括來說，衡量機關績效目標的衡量項目至少包含：「目標挑戰度」及「目標達成度、目標執行度」二類。這二類衡量項目的性質不同，前者係要求績效目標能達成管理學上所謂「做正確的事」（do the right thing），是機關尋求發展與進步的積極動力；後者係要求「把事情做正確」（do the thing right），著重行政績效的可控性。二類衡量項目的性質雖有所不同，卻具有槓桿平衡作用。例如，以績效管理的角度分析，黑鮪魚季就是一個具有創意性、策略性的績效目標，亦即屏東縣政府做了一件正確的事（政策），為屏東縣政府創造了無限的商機、施政滿意度及全國的知名度，當然執行的貫徹也同等重要。簡言之，績效目標訂定的第二個目的，就是要使得各機關具有「選擇正確的事，並將之做正確的」思考邏輯。

（二）訂定績效目標的訂定指引

Michael Armstrong（2009）對於如何撰寫績效目標有一段非常具有參考性的敘述，我們認為可以作為指引，故加以改寫引述如下：

> 首先，必須寫下正確目的和目標，才能有效地進行監控。「改善社區的福祉」是一個值得稱讚的目的（goal），但這樣廣博抽象的目的很難確認否已經實現了。因此當務之急是，訂定清晰明確的目的（goal）和可以積極監控的目標（objectives）。釐清目的與具體化目標是成功衡量績效的基石。質言之，每個目的（goal）會跟隨著多個具體目標（specific objectives）。目標必須具備精確、可衡量及期限等三個要素，方足以支撐目的（goal）的落實。（按，目的與目標的區辨和關聯性非常重要，不可一眼帶過，為何？執行階段的「績效目標」一詞具有連結、轉化的功能，

一方面包含「目的」而「上承策略」之具抽象、廣泛特質；另一方面又含「目標」而下「接績效指標」著重具體特性，強調可衡量性。（這一點是我多年體會，很重要，提醒讀者。）

　　目標必須設有時間範圍。在我們施政計畫制度之下，目標通常以一年為範圍，稱之為年度目標，另外還有中期目標、長期目標。通常每一目標都必須有可衡量的數字，這些數字用於印證目的或和策略的實現，並支持組織使命的實現。目標（objectives）的標準形式是：

　　（表示變化方向的動詞）（verb noting direction of change）（降低）

　　（變化標的）（area of change）（失業狀況）

　　（標的人口）（target population）（應屆畢業生）

　　（變化程度）（degree of change）（75%）

　　（時限）（time frame）（六個月）

　　綜整為目標撰寫方式：降低應屆畢業生的失業狀況，使 75% 的學生在畢業後六個月內就業。

　　如前所述，所有目標都應該具備清晰、明確、可衡量的和時限等要件。一般而言，目標可分為區分過程目標和結果目標，而其撰寫方式：「過程目標」通常以「開發、實施、建立、進行」等短語開頭。這些短語都描述了組織將要進行的活動：「結果目標」描述機關服務對象將做出的結果，結果目標通常以「增加、減少、改進」等短語開頭。

　　綜合起來，訂定政策方案目的為「實施家庭工作坊計畫，提高應對壓力家庭的技巧。」而落實此目的之具體目標（按，此等同績效指標，讀者不必有疑惑）有二：1. 過程目標：7 月為 20 個家庭舉辦兩個研討會：2. 成效目標：讓所有參與者在面對各種緊張壓力的自我管理測試平均提高了 50%。

二、訂定關鍵績效指標

在實施績效衡量時，一個常被引用的說法是 Brown（1996）所歸納的二句話，第一句：「組織最常犯的錯誤是衡量太多變量（指標太多）」；第二句：「組織最常見的錯誤是衡量太少」。猛覺得這個說法很熟悉，仔細想想，這不就是在楚宋玉《登徒子好色賦》所云：

> 王以登徒子之言問宋玉。玉曰：「體貌閒麗，所受於天也；口多微辭，所學於師也；至於好色，臣無有也。」王曰：「子不好色，亦有說乎？有說則止，無說則退。」玉曰：「天下之佳人莫若楚國，楚國之麗者莫若臣里，臣里之美者莫若臣東家之子。東家之子，增之一分則太長，減之一分則太短；著粉則太白，施朱則太赤。」

訂定績效指標時，避免過多（或過少）的績效指標，就是秉持關鍵績效指標。

（一）績效指標及其類型

1. 投入指標

成本、人力、物力等資源的降低：如「本局公文郵寄費較上年度減少100 萬元」、「第一線人員由 50 人降低為 40 人」。

2. 程序指標

作業時間或程序的減少：例如「辦理核發建築師證書工作天數由八天縮短為四天」。

3. 產出指標（又稱活動指標）

如「招訓志工人數由目前每年 100 人增加為每年 500 人」、「督訪替代役男人數比率由 70% 提升為 85%」。

4. 成效指標

時下，無論在公部門或私部門都多傾向於結果導向，就如同 Drucker 所言，所有的組織都在追求結果，但筆者要強調結果導向的績效指標有：產出指標及成效指標，二者大不相同。一般而言，產出指標指的是活動，而成效指的是意圖達成的活動。產出指標是在描述政府部門做了什麼事情（Outputs describe what public secoor does），而成效指標是在描述政府所做之事產生的直接或間接的影響（Outcomes describe the effects that have been caused directly an indirectly by the outputs）。

而且筆者要說，就績效指標優劣而言，成效指標優於產出指標。舉一個淺顯易懂的例子，想像一下，一位醫師開完一個技術上堪稱完美的手術，這是活動的產出指標；但如死亡或得救，我們稱之為「成效指標」。愈來愈多的績效管理專家主張將重點放在衡量結果、成效而不是產出或過程上，街上有多少警察巡邏（這是產出指標）並不重要；公民想要的街道安全（這是成效指標或結果指標）。

舉例來說，在進行開放政府政策評估時，民眾對新政策的認知度達到了百分之多少；或者申請開放資料的人有多少百分比，這樣的分析結果都不是成效指標，而是產出輸出值（output）。因為我們不應該根據政策認知度的提升多少，來評量政府施政績效，而是應該關切政府所推動的政策，能為社會帶來了多少成效，多少正面的影響。衡量一個政府施政對社會造成多大的好處，多少成果，就是成效指標，我們要多用成效指標，而不是產出指標或活動指標。在醫學中在衡量醫療績效的指標常使用降低死亡率、某種疾病的發病率、可能與發病率相關聯的指標（血壓或血液檢查值等），這些稱為診療的成效指標，而不是指強調這個醫院每年進行多少診療人次，或實施多少次手術，這些不過活動指標或產出指標。

（二）選擇績效指標參考原則

英國（包括英國財政部和國家統計局在內的幾個中央政府部門）在2001 年內發布了一份以協助政府公部門的妥適衡量施政績效的作業手冊，

該手冊歸納出設計妥適績效衡量制度，須遵守的六個原則，並以字母湊成 FABRIC 單字，以便記憶，分別為：聚焦重要業務（Focus），只有對組織使命、願景相關且重要的業務才值得做績效衡量；至於績效衡量系統的合宜性（Appropriate），讓使用者掌握績效相關訊息，以提升其績效與利益、平衡各項績效指標（Balanced），以促進組織績效；績效衡量系統要穩健（Robust），以因應理境的變動與衝擊；績效衡量系統要與現存的業務處理過程整合（Integrated）及成本效益（Cost-effective），使得收集和分析績效信息的成本，與其收益相稱（Pidd, 2012）。

從上面的論述，讀者要有「評量成效比評量投入更重要。評量成效比衡量產出（活動）更重要」的體認，當然，我們也要知道，成效指標的評量較產出指標困難許多，如果在一些情境之下，若有些成效（結果）指標無法直接評量或根本無法評量的情形下，評量產出指標有就夠了。無論在公部門或私部門都多期盼評量成效或結果指標，就如同 Drucker 所有的組織都在追求結果，但筆者要強調結果導向的績效指標有：產出指標及成效指標，二者大不相同，一般而言，產出指標指的是活動，是指機關做了什麼：而成效指的是意圖達成的活動，是指機關做事或活動後產生何種後果或影響？

而且筆者要說，就績效指標優劣而言，成效指標優於產出指標。如剛剛提到一個淺顯易懂的例子，一位醫師開完一個技術上堪稱完美的手術，這是活動的產出指標；但如死亡或得救，我們稱之為「成效指標」。以成效性指標取代產出性指標，俾貼近機關策略目標的落實。例如筆者在 2002 年推動績效獎金暨績效管理制度時，就發現某訓練中心設定：1. 全年度開辦 42 個職類、94 個班次及完訓學員 4,017 員（產出指標）；2. 輔導 500 位學員參加專案檢定，合格率達 90% 以上（成效指標）；3. 委外訓練考照率達 70%、就業率達 41% 以上（成效指標）。又例如某市公所民政課績效目標為「推動全民運動，達成強身建國之目標」，2003 年度為「辦理四場次」（產出指標），2004 年度訂為「經縣府評列為績效單位」（成效指標），更有助於機關績效的提升。

（三）尋找適配政策目標的績效指標

美國聯邦政府《員工績效管理手冊》曾經以養蜂人採用不同績效指標，致蜂蜜產量高低有別的例子。說明慎選績效指標的重要性。A 養蜂人家評量每一蜜蜂「所停留花數」，B 養蜂人家評量 1. 每一隻蜜蜂所帶回的「花蜜量」，及 2. 該蜂巢的「蜂蜜總產出量」。結果 A 養蜂人家發現蜜蜂所停留的花數確實增加了，但蜂巢的蜂蜜產量卻下降了。B 養蜂人家則因為每一蜜蜂都專注於提升蜂蜜產量，努力地採集更多的花蜜。他們一起尋找含花蜜多的花，想辦法快速地儲存所收集的花蜜，也幫助產量較低的蜜蜂提升產量。」該報告因而指出「衡量成果並有所回饋比衡量活動要能改善績效。」（林文燦，2009）

指標的設定應依所欲達成的策略目的及所欲創造的價值或所欲達成的效益，選用合適的績效指標。例如，某縣政府建設局績效目標為「改善漁港與漁村設施，縮短魚政登記作業流程」，績效指標訂為「限 2004 年 12 月 31 日完成」，就縮短漁政登記作業流程，合適的指標為「縮短作業流程時程，由十個工作天縮短為六個工作天」。

在績效管理的領域內受民間企業管理成效導向的影響，也非常側重成效指標，但受民主政治的影響，政府的公共服務要比民間企業更重視程序，因此，部分政府公共服務必須有程序性的認證的步驟及流程，有一定的申請及流程，而耗費時日，也就是眾所皆知公文牛步化的批評。例如，22 個縣市政府的社政業務，有一項低收入戶補助業務。

（四）績效指標運用倫理守則

1. 謹記指標只是手段，而非目的

如前面提到，荷蘭計量經濟學家 Sanne Blauw 提到，在英國，醫院的急救中心有一條規定：每一位病人的診治時間不能超過四個小時。為了應對這條規定，醫院內部進行了大範圍的調整。人們待在救護車裡的時間愈來愈長，為了不超時，總是搶在截止時間前的最後一刻才去登記。從數字上來

看，醫院的服務品質的確提高了，但在現實中則是更加可悲了。或許，急救中心的等待時間對於醫院的服務品質來說，曾經是一種好的解決方法。但時間一長，數字就變得沒那麼有用了。如今我們一次又一次地看到，人們在某些情況下總能找到各種方法操縱數字。他們在資料上作弊，或調整自身的行為來達成某些指標。而這就是以經濟學家 Charles Goodhart 命名的「古德哈特定律」（Goodhart's Law）：「如果一項指標一旦變成了目標，它將不再是個好的指標了。（When a measure becomes a target,it ceases to be a good measure.）數字就像肥皂，如果你用力擠它，它就會從你手中滑脫。」（馮皓珺譯，2021：51）

2. 誠實界定績效指標的定義

　　另外筆者，在推動績效管理制度時，曾接觸到警政機關面對道路交通事故時，為對於績效指標的處理，曾訂定「道路交通事故死亡率」的績效指標。這是一個關鍵績效指標殆無疑義，但因為定義的問題，縱使在沒有造假的情況之下，能無法真正反映道路交通事故死亡的真實狀況，而直接影響到警察人員保障人民生命安全的績效目標，依據王銘亨（2018）研究：

　　　　國內現有關道路交通事故分類方式係依內政部警政署訂定之「道路交通事故處理規範」，分為三類，分別為 A1：當場或事故發生後二十四小時內死亡；A2：受傷或事故發生後超過二十四小時死亡；A3：無人傷亡案件。雖然目前警政署所制定之「道路交通事故調查報告表及填表須知」有關事故分類增加三十天內死亡案件，但由於並無強制規定處理員警或單位必須追蹤當事人後續傷亡狀況，亦無案件追蹤準則或辦法。因此，各縣市的事故調查資料，對於三十天內死亡案件資料的收集和紀錄並不健全，相關的事故分析亦大多以二十四小時內死亡的案件或死亡人數為主。目前定義面臨的問題：1. 死亡事故定義過於狹隘，無法反應實際的交通事故嚴重狀況，低估實際死亡人數，且忽略實際事故道路

安全問題。依據衛福部每年全國死因資料比對警政署的事故資料中的死亡人數，每年差距超過 40%，如 2016 年衛福部統計因機動車輛死亡人數共有 2,964 人，而警政署 A1 資料庫死亡人數為 1,607 人，減少 45%。以 A1 事故進行的任何統計分析，和實際造成死亡的任何因素，相差皆超過 45%，分析的結果難以有代表性。

3. 不可製造假資料

日本學者久保優希也 2011 年在〈請用數據說話〉（中譯名）有一段關於政府績效指標造假的案例，很有參考價值，是引用如下（李偉譯，2020）：

還記得 2006 年日本國民年金（一種養老金）因不正當免除被大肆報導的事情嗎？在這個問題被大肆報導的同時，因涉及略微複雜的數字計算，傳出了「不清楚問題出現在什麼地方」的呼聲。讓我們來試著梳理一下。2005 年，社會保險廳設定了「年金保險費繳納率在全國範圍內提高 2%」的目標（按，為了讓讀者更易了解，稱之為績效指標一詞代之），以改善年金保險費滯納多的狀況。滯納保險費的人愈多，繳納者的不公平感就愈強，國民年金財政狀況就愈會惡化。結果發生了什麼呢？

各社會保險事務所進行違規操作，如在未經本人申請的情況下，卻將很多繳納者隨意審批為「免除繳納」。具體來說，就是社會保險事務所用電話跟本人確認，隨後他們會得到一份申請書，再審批為免除繳納。但實際上，社會保險事務所連電話都沒有打。為什麼社會保險事務所會這麼做呢？我們來看一下年金保險費繳納率的公式。通過這個公式，我們可以看到，就算不增加作為分子的實際繳納者數，只減少作為分母的應繳納者數，也能讓繳納率提高 2%！由於這種違規操作，原本應該收上來的年金保

險費也收不上來了。最終，年金保險費收入減少了不說，情況還有進一步惡化的趨勢。

4. 不可挑軟柿子

前面關於測量交通安全事故死亡率這個關鍵績效指標。值得注意的是，交通部交通運輸研究所有份報告指出一個重要的關鍵，該報告指出，我國內政部警政署道路交通事故死傷人數之計算，係以事故發生後二十四小時內死亡為基準，超過二十四小時死亡之當事人皆被認定為受傷，然為與國際資料比較，自 2007 年起即開始辦理「我國道路交通事故發生後三十天內死亡人數統計」。於每年利用衛生福利部死因資料庫及內政部警政署事故資料庫，針對每一事故當事人死亡日期進行串檔，產製道路交通事故三十天內死亡人數統計及相關報表，並定期於本所運輸安全網站資料系統（TALAS）公告，供各界參考使用。

關於提升交通安全事故的績效指標，警政署鎖定的關鍵績效指標係以事故發生後二十四小時內死亡為基準；交通部運安所則以道路交通事故三十天內為關鍵績效指標。基於，不可挑軟柿子的指導原則，讀者自然會選擇交通部運安所以道路交通事故三十天內為關鍵績效指標，確實提升國人交通安全。

5. 避免用單一指標，要用綜合性指標

長輩常教初入職場的青年學子們，做人要周到，做事要面面俱到。新北市中和區有一座香火鼎盛的泰國四面佛寺，筆者查一下網路的訊息，所謂四面佛，人稱「有求必應佛」，佛有四尊佛面，掌管人間的一切事務分別代表健康、事業、愛情與財運，是泰國香火最旺的佛像之一。將活生生的生活經驗運用艱澀的績效指標訂定的實務上，這種多面向績效指標，筆者稱之為綜合式績效指標。筆者再將過去推動績效管理所獲得的案例結合起來，看看是不是能讓讀者更明瞭。例如，宜蘭縣頭城鎮公所托兒所，要測量其該所績效，當其單位績效目標定為努力招托幼童開拓財源，提高教保水準為民服務

績效，改善教學環境提升競爭力時，其績效指標訂爲含 (1)「努力招托幼童，開拓財政（收托幼童人數）」（數入指標）；(2) 教保品質（滿意度調查）（質化指標）；及 (3) 兒童安全發生事件（量化指標：成效指標）。

表 6-1　宜蘭縣政府大同鄉公所托兒所複合式績效指標彙整表

名稱	權重 (%)
努力招托幼童，開拓財政（收托幼童人數）	30
教保品質（滿意度調查）	20
兒童安全發生事件	50
合計	100

資料來源：筆者自行彙整。

這種由一個基層鎮公所實務運作出的複合式績效指標，完全符合所建議評量績效指標須有採用的複合績效指標的認知，當然，也要有這些績效指標可能是互相矛盾的心理準備，收托幼童人數與教保品質就是矛盾的指標。因爲，收托幼童人數攸關托兒所的財源收入，自然是多多益善；但收托人數增加了，自然會影響到師生比，師生比增加了，一個老師要照顧的幼童增加了，難免照顧不及，自然會影響到教保滿意度，更進一步而言，有可能發生兒童安全事件。而就家長而言，送寶貝到托兒所最基本就是要寶貝得到基本的照顧，如果進一步，因教保品質的確保，使得寶貝成龍成鳳，就更好了，但若寶貝未受充分照顧而發生安全事件，那麼，一切都化爲烏有不重要了。在這裡分享一個值得敬佩的案例，當時，我們到大同鄉公所做績效管理的組織學習時，赫然發現，托兒所連續二年在大同鄉公所的單位績效評比時，都敬陪末座。我很好奇的是：「大同鄉公所托兒所的指標訂得如此值得學習，但又蟬連末座」，私底下了解一下，原來托兒所主任將幼童發生安全事件從嚴定義，只要兒童受傷，就列爲安全事件。要知道大同鄉爲山地原住民鄉，兒童下課或課外活動滿山遍野跑，很容易受傷。我隨口問一下，可否放寬定

義，想不到被嚴正的回了一句，那位托兒所主任說：「在我來說，兒童安全而健康成長最為重要，我寧可最後一名，都不會放寬定義。」我聞言一時愕然，呆立當場，回神後敬佩不已，誰道「天涯何處無芳草？」最後，當我們公務人員在績效指標時訂定，切記這個案例。不可能選擇一個最優的、面面俱到的績效指標選項，因此有必要找到一個能夠評量績效多元面向的複合是性績效指標。

一個能夠評量績效多元面向的複合是性績效指標，訂定一個「0 安全事件的績效指標」，除了代表我對基層公務人員的敬佩外，因為他的職務列等只有薦任第七職等。後來，看到活生生發生我們生活中的案例，更覺得擔任一個有良心的公務人員，是在從事積陰德的工作。2005 年媒體報導一個震驚社會事件，台中縣清水鎮不倒翁托兒所園方的一時疏忽，又賠上了一條可愛的小生命。為什麼幼稚園或托兒所的娃娃車屢傳意外？其中有人為疏失，可是，車內的安全或緊急應變設備不足，也是重要因素。只要是生命，就是無價的，每個人都有或將來會有小孩，對於這項問題，更應該用力重視！

6. 績效指標需建立在比較的基礎上，持續精進績效

績效指標如同里程碑，可以標示者競賽者努力的階段性成績；也可以標記競賽者努力的最終成績。因此績效指標應該是一個建立在比較的基礎上，與自己比較，與他人比較，不斷自我鞭策，自我改善，止於至善之標的物。然而，在筆者參與國家時績效管理的實務過程中，發現許多行政機關在建立績效指標時，往往流於形式，或因無心而疏於琢磨，建立不具引導性的指標；或者有意而恣意，建立指標。而比較方式有二：(1) 與本機關過去績效比；(2) 與標竿機關的績效比。

將我們行政機關提供的公共服務績效和與世界上各國最佳的或界上最佳的政府績效放在一起進行比較。這一方法暗含的假設是：就是《孟子》滕文公上第一章引述顏淵的話：「舜何人也？予何人也？有為者亦若是。」一個組織能做得到的績效，任何組織都可以做到，該方法還認為具有競爭力的前提條件是，至少與領先者做得一樣好。因此，例如，桃園機場的服務績效如

何？就要與其新加坡樟宜機場做比較，而訂定出「進入世界前10大的機場」為績效指標。

三、實際案例：2014年台中市政府社會局低收戶審議流程績效檢討個案

台中市議員李麗華議員關心中低收入戶權益，李議員表示，服務處接到陳情，案主的母親長期生病住院，而案主本身單親扶養一子就讀小學，突發性中風昏迷，鄰居幫忙協助申請低收入戶，仍需要等待五十四個工作天，補助才能到位；另一案例是案主家暴離婚，單親扶養就讀幼兒園一子，目前失業中，申請低收入戶也要等待好一段時間。她認為中低收入戶的審查流程有待加強。（資料來源：https://www.taichung.gov.tw/951202/post）

（一）績效管理角度的分析

績效指標的選定需考量與所辦理業績效提升的適配性。弱勢民眾的生活補助，若從低收人民對社政單位審查作業期程的長短加以衡量，方符合績效指標選定的適配性原則。一般而言，申請低收入的民眾必然是生活困苦，政府提供低收入戶生活補助費，自有如久旱逢甘霖，更希望是及時雨。既規定申請民眾須至櫃台申請，也就是一般所謂的臨櫃，自然期待民眾到戶政事務所申請戶口業務，或到公路總局所屬監理單位申請器監理業務，都能夠「隨到、隨辦」，接著能夠「隨辦、隨領」。因為每月補助生活費屬金錢利益的所得重分配，必須經過審核程序，自然做不到「隨辦隨領」，但若是民政單位的審核期程過長，自然影響民眾對政府施政績效的評價。因此，就績效管理實務角度來看，各縣市政府社政單位可將「縮短低收入戶每月補助生活費的申請審核期程，由原○○日縮短為○○日」訂為關鍵績效指標，而這個指標屬於程序指標。

（二）縮短審核程序的具體做法

經分析並解構其審核程序的重要步驟，並參考其他院轄市的申請期限（高雄市約需三十個工作天，新北市約四十四天）：

1. 跟財稅主管單位溝通是否減至九至十天。
2. 里幹事訪視初審也可以改為十天。
3. 再把複審改為十天。

（三）管理績效，訂定績效指標

訂定程序性績效指標，縮短中低戶審核工作天由五十四天縮短。

第二節　如何訂定好的關鍵績效指標

本書一個最重要的目的，就是讓讀者具備判斷「好壞」關鍵績效指標的能力，本節將聚焦於此一目的是有感而發的，因為《商業周刊》自 2015 年起，每年邀請 10 多位專家協助檢視行政院 10 大部會自訂的關鍵績效指標（Key Performance Indicator, KPI）。第一次是《商業周刊》第 1436 期，出刊日期：2015 年 5 月 2 日，標題〈政府荒謬 KPI 全揭露〉，標題聳動自不在話下，國發會隨即在當天針對 2015 年 5 月 21 日《商業周刊》「政府荒謬 KPI 全揭露」相關報導，提出本會說明。好幾年過去了，《商業周刊》行禮如儀，每一年都發表一篇專論。問題是，《商業周刊》教會了我們公務人員如何訂定「更好」的關鍵績效指標了嗎？批評很容易，但批評若只是憑所謂「每年邀請 10 多位專家協助檢視行政院 10 大部會自訂的關鍵績效指標」，《商業周刊》有沒有想過這些專家憑的是「經驗或直覺」，還是有準有據，這些專家「是各個產業的專家」，還是「績效指標訂定」的專家？筆者仔細的閱讀這幾篇報導，就沒有發現「更好關鍵績效指標」的「判斷基準」。其實，我們更期盼的是包括《商業周刊》在內的各位方家，提供公部門「如何判斷更好績效指標」判斷基準，但看起來，該週刊只在批評，卻未能真正有建設性的建議。由是筆者將這裡提供一個「如何訂定好的關鍵績效指標——如何使大家具備判斷及訂定『更好』關鍵績效指標的能力」。

在管理中，你所衡量的就是你所得到的。要想任何操作能夠真正順利

地進行，你需要「好的指標」或衡量標準，通過這些可以讓每個人聚焦集中到一個特定的績效目標之上。那麼，「好的指標」要具備哪些要件呢？管理實務上，是否能夠有個指引，只要根據這個指引所具備的要素及步驟，就可以選擇出「好的關鍵績效指標」，具體地說，就是指「能夠提高施政績效的具體行動」，是否達到預定的績效基準，必須具備三個要素，回答下列：問題一：這些行動或措施能提高績效？問題二：這些提高績效的行動或措施可行嗎？問題三：這些行動或措施與績效目標有直接、密切的關聯嗎？一般因果思維方式，用於解釋現象的原因；關鍵績效指標之選擇是側重於解決問題的思維方式，這種倒轉的思維方式，我姑且稱之為結果導向思維，一種倒轉的思維邏輯。先思維我們想要達到的結果或效益「是什麼」？再依序思考「如何採取」行動或措施？這些行動或措施成本效益分析的選擇？而這個步驟我們可以用眾所周知的 SMART 原則代表之。如前所述，Georgr T. Doran 補目標設定之不足，在《管理評論》中發表的〈用 S.M.A.R.T 方法寫出管理之目的及目標〉（There's a S.M.A.R.T. Way to Write Management's Goals and Objectives）一文中，首次提出了「如何撰寫有意義的目標（meaningful objectives）？」的 SMART 原則。

在後來的使用中，每個字母代表的內涵在變動之中。最常見的變化有：Specific（具體）、Measurable（可衡量）、Achievable（能實現的；也有寫成 Action-oriented，行動導向）、Relevant（績效目標與當前狀況相關性）、Time-bound（期限），但是其基本理念與最初的版本是一致的，只不過後來的運用常用於績效指標的訂定，績效目標的訂定之上。使用 SMART 方法（具體、可衡量、可實現、相關和及時）設定目標或指標的結構化方法，較為穩健可行。因為，SMART 幫助傳達我們將要做什麼、將如何做、何時做以及對如何衡量成效的期望。使用 SMART 方法進行批判性評估，可以幫助管理人員為員工提供正確的績效管理工具和準確掌握所處環境的各種狀況。

一個精心設計過的 SMART 績效指標，可以提高員工的認同感和參與度，從而提高施政計畫的執行能力，進而提高更佳的績效。此外，以下將結

合我們特有的公部門績效管理環境，分享筆者如何有效或判斷「好」關鍵績效指標的參考指引。

壹 具體的（S）

「具體」意味著，我們應該清楚地定義並了解績效目標、指標。換言之，如果員工要知道績效指的定義是什麼，含糊其詞是行不通的；模棱兩可會產生重大問題。「S」還有另外一解，就是（significant）的縮寫，這意味著績效目標、指標必須是重要的，那麼，若能與機關使命、願景相關、連結，自是最重要的核心。

具體的告訴員工要做什麼？要完成什麼？績效指標的描述，一定要能夠具體明確，不要用抽象的語言和內容，以避免不同層級員工針對相同績效指標做不同的解讀，或甚至無法衡量。例如，「提高公共服務意識」，就是抽象的描述，不夠具體、明確，我們可以換成較為具體描述，如「減少民眾投訴的 %」、「縮短民眾申請的時間」；「建立民眾申請案件及審查標準作業程序」。「提高施政滿意度」不夠具體，修正為「提高施政滿意度，由原 60%，提高為 70%」；更具體的描述如：關稅總局驗估處訂定「查價案件加強研析個案案情，縮短辦理時間；積極控管辦結件數，以期儘速達到績效目標。」之指標，可改為「查價案件平均每案辦結時間由 45.7 天縮短為 40 天，平均每案查價時間減少 12.47%，提高結案率。」較具體明確。

有句大家熟知的古語：「授人以魚，不如授人以漁。」這句話直接的意思是：給人家魚吃，還不如教會人家釣（捕）魚的方法。為幫別人解決問題，不如教會他解決問題的方法。換言之，與其直接舉例，倒不如使讀者具備將抽象的名詞具體化的能力，筆者閱讀了日本專家橫田尚哉所著《拆解一切問題如何成為解決難題的高手》（鄭新超譯，2021），認為他的論述非常有參考價值，可以「即學即用」，特別以他的說明為基礎，稍加修飾，以增加可讀性。他說：

　　我們應該優先選擇具體的名詞。使用的名詞所指意義不明，就會導致名詞作用的物件模糊不清；如果不能明確對什麼產生作用，我們就無法判斷是否已經順利實現了功能。下面，我將向大家介紹兩種具體的操作方法。

　　1. 定量的方法

　　「把房間變亮」的真正含義為了使名詞指代的內容更具體，我們可以使用定量名詞表達語義。定量名詞是可以被測定的，即可以在某種程度上確認事物功能的具體實現情況。

　　定量研究與定性研究是一組相對應的概念。我們要想考察事物的量，就得用數學工具對事物進行數量的分析，這就叫作定量的研究，也稱為「量化研究」。定量研究是社會科學領域的一種基本研究範式，也是科學研究的重要方法。那麼，什麼叫作「定量名詞」呢？怎樣使用定量名詞呢？在此，我們舉一個簡單的例子。我們可以試著將「把房間變亮」這樣不清晰的說法轉換成另一種說法：「提高照明度」。這樣一來，行為作用的物件就會從「亮」這個不清晰的概念變成可以被測定的「照明度」。我們使用「提高照明度」。這一說法意味著可以斷定照明度具體可能上升到什麼程度，所以照明度是否上升、上升了多少，都可以通過測量呈現出來，那麼功效是否已經達成也就有了明確的測定標準。這就是使用定量名詞的意義所在。我有一個訣竅：在表述時儘量不使用形容詞，而使用數詞和量詞。因為形容詞依賴於人的感性思維，即使是相同的照明度，有人會感到非常明亮，有人則會感到並不明亮。因為感覺是因人而異的，具有難以捉摸、沒有定數的特點，所以感覺通常無法作為客觀的判斷標準。

　　然而，數詞和量詞不依賴於人的感覺。人們在使用數詞和量詞時，可以用一種類似於共用的方式表達事物，增強了客觀性和公正性，不會產生不必要的偏差或分歧。因此，這種表述方式是

值得信賴的。下面，我將列舉一些使用定量名詞的例子供大家參
考（見表6-2）。

表6-2 使用定量名詞闡明問題

抽象	具體
刊登廣告	提高知名度
溫暖空氣	提高室溫
歡迎再次光臨	提高顧客來電頻率
挽留顧客	延長顧客在店停留時間
加快供餐速度	縮短供餐時間

資料來源：鄭新超譯（2021）。

2. 定性的方法

「穿制服」的真正含義當我們所要表達的物件是感性事物時，
就不能使用定量名詞，而應該使用定性名詞。雖然感性不能被測
量，但是可以通過定性名詞比較其程度的不同，從而確認其功效
的達成情況。在此，我要向大家介紹另一種分析問題的方法：使
用定性名詞描述事物。眾所周知，定性研究是根據事物具備的屬
性及在運動中的變化研究事物的一種方法或角度。定性研究是以
普遍承認的公理、一套演繹邏輯和大量歷史事實為分析基礎的。
我們在進行定性研究時，要依據一定的理論與經驗，直接抓住事
物的主要特徵，可以暫時忽略數量上的差異。

那麼，我們在此所說的定性名詞究竟是什麼樣的名詞呢？例
如，我們可以嘗試著將「穿制服」這個片語，換一種表達方式，如
換成「統一外觀」。那麼，效果的內容會從「制服」這一不能確定
的東西，變成「外觀」這一相對可測的東西。我們只要看其外觀，
就能清楚地判斷其功效是否已經達成，以及達到何種程度。使用

定性名詞的訣竅是著眼於感性詞語，我們用這類詞語能夠判斷功效是否達成。例如，我們是如何判斷人們有沒有穿制服的？做出判斷的依據是什麼？那就是「外觀」這一視覺感受。如果我們能夠捕捉到做出判斷的依據外觀，並且使用它表達語意，那麼就能夠有效地分析問題。」

下面，我舉幾個使用定性名詞闡明問題的例子（見表 6-3）。

表 6-3　使用定性名詞闡明問題

派遣警衛員	提高安全感
換椅子	提高舒適度
出示證據	提高可信度

資料來源：鄭新超譯（2021）。

貳　可衡量性（M）

我們每天面對各種資料，這些資料一般分為二大類：量化資料及質化資料。簡單的說，以數字來表示的資料就是量化資料；而表示性質或狀態的資料如性別或健康狀態的資料，就是質化資料。有了這樣的認識後，我們在面對績效指標時，也可以依樣畫葫蘆，將之分為量化指標及質化指標。

一般人會認為質化資料無法測量，但事實不然。換一個說法，說不定有助於害怕數學的文科生，也能勇敢而正確地面對職場上如江海滔滔襲面而來的浩瀚資料，而且能有效的處理之。一般人會以為統計分析可以處理的是量化資料，因為，統計學是一門直接與數字打交道的學科，統計與數據相伴相隨。殊不知，質化資料也可以轉換成適當的數值後，用統計方法加以處理。簡而言之，在談論可測量性時，要先績效指標本質差異性及轉換性二大特性。

一、績效指標性質有差異性

（一）定量指標

定量指標或量化指標就是績效指標的數量化。所謂數量化係指將事物的性質予以數量化，即以數值表示。例如，以 160 cm 的數值來表示身高，就是數量化。數量化這用語，一般是指以數值來處理。

（二）定性指標

定性指標或稱之為質化指標，一般的看法無法以單純的物理手段來以數值表示，或被認為很困難的性質，譬如，「幸福感」是一種質化的描述，但若想要以數值來表示「幸福度」也是做得到的，這就是定性指標（或質化指標）透過轉化的做法，予以數值化的典型例子之一。

二、績效指標性質具轉換性

質化資料也可「轉換」成適當的數值後，用統計方法加以處理。例如，我們要測定「幸福」「這個績效指標，首先必須找出創造出「幸福度」的本質的要素為何。而財富、地位、性的滿足度，……其他種種……是創造出幸福的本質的要素，則接著必須以數值表示財富、地位、性的滿足等。若是分別為 4 分、6 分、5 分等，則必須合計這些分數，才可變成表示「幸福度」的數值。質言之，質性業務是可以經由先出本質的構成要素呢？欲對各個要素加上分數時，應如何做才好呢？要怎樣來合計這些分數，才能正確地表示「幸福度」呢？這些就是數量化的技術的真髓（張輝煌譯，1987）。

基本上，我們認為萬事萬物並非無法衡量，但一定要注意：（一）有些業務的績效很容易用量化指標，加以衡量；（二）但有些業務不容易量化，但還是可以衡量的，例如「接聽電話」這個動作，直接影響到民眾對公共服務的評價，若一定以量化指標成限期績效，可以將「接好電話」轉化成「提高接電話的速度，超過三聲的比率降為多少百分比」。更要注意的是，有些業務不必求量化，例如公務人員核心價值（廉正、忠誠、專業、效能、關

懷），但縱使廉政、忠誠等價值難以量化，也並非無法衡量。

　　在績效管理實務上，S 及 M 原則往往是綁在一起。績效目標偏向於定性的描述，要有具體的描述；至於，績效指標儘量以量化的方式予以衡量。例如，希望減肥是個很具體的定性描述，是多數時尚青年的績效目標；而績效指標訂為 BMI 降至 20 以下，就是定量描述，易於衡量。以行政機關績效管理實務為例，「可將提高公文績效」設定為績效目標，為定性指述；而這個績效目標是否達成了，如可從提高公文品質及縮短公文處理時效二個面向加以衡量。綜而言之，提高公文品質可訂為績效目標，在本質上是個定性描述；但可以透過數值化，將之轉化成錯誤率、滿意度調查等方式，將之數值化後，將提高公文品質的績效指標訂為「降低公文內容的錯誤率為 1%」或「提高公文處理的滿意度為 90%」；另外；可將公文處理績效作為績效目標，是為定性描述；若將績效指標訂為「縮短公文處理時效由平均 5 天縮短為 3.5 天。」是為量化指標，以數值呈現，易於衡量。

參 可達成性（A）

　　所謂績效指標可達成係指我們訂出的績效指標量力而為，「不要定得太高，也不要定得太低」。但實質上，筆者認為，可達成性的真正意涵應指：「各機關在人力、成本及時效等前提下，應設定具有複雜度、困難度、創新度等具有挑戰性的指標（或目標）。」Richard Rumelt 在《好策略，壞策略》（中譯名）（Good Strategy, Bad Strategy）一書中，指出所謂好策略所要具備的條件之一，就是隨同制定「最接近的具體指標」，亦即要設定具有挑戰性且能夠實現的目標或指標，因此（A）意指可達成性。《論語》有云：「取乎其上，得乎其中；取乎其中，得乎其下；取乎其下，則無所得矣。」可以為證；再舉個前面提到的實證研究，目標設定理論的核心是：當績效目標明確（具體）且困難時，業績目標能導致最高水平的業績。通常，明確而困難的目標能比簡單或含糊不清的目標（如嘗試「盡力而為」）帶來更高的績效（徐飛、路琳譯，2010）。

肆 相關性（R）

關於 R 這個縮字，在績效管理實務之上，通常是兩個英文字的縮寫，一個是 Realistic 是為務實性，另一個 Relevant 是為相關性。有些人使用前者強調績效指標要務實，不可太高，也不可過低，因為 Realistic 與 Attainable 非常接近；至於，另一個 Relevant，用來強調績效指標與其上位的績效目標、組織使命、願景間的緊密聯繫。Sandra Van Thiel & Frans Leeuw（2002: 278）在一篇名為〈公部門績效悖論〉（The Performance Paradox in the Public Sector）指出，各國公部門源自 1980 年代及 1990 年代行政改革運動之績效管理措施，所衍生的各種預料之外的結果（unintended consequences），所謂悖論就是績效指標與績效目標本身關係薄弱，使得政府績效因績效制度的實施更差了。根據 William Schiemann 的研究，只有 14% 的員工了解他們公司的策略和方向。因此，明確指出相關性，有助於將績效指標與機關的策略目標聯繫起來（O'farrell, 2020）。

省思量化績效目標的初始目的——先以「定性」來思考，再以「定量」管理，作為衡量「量化績效指標適宜性」的基準，績效目標設定「初始原因」為何？特別注意，以「R」代表績效指標要與績效目標相關，績效目標必須與該機構的使命、願景密切相關的理念，是判斷績效指標好壞最重要的基準。

伍 期限性（T）

員工知道他應該在什麼時間之前完成績效目標？因此，經濟部智慧財產局將「推動保護智慧財產權行動年宣導計畫」訂為該局的策略目標，其績效指標訂為「2002 年 7 月至 9 月播出三十秒廣告 1,554 檔、廣播劇 120 檔、Call-In 專訪 16 次。」；「2002 年 11 月前完成製播 91 單元宣導節目。」

Rick Wartzman 在《關鍵時刻，德魯克這麼說！》（中譯名）（What Would Drucker Do Now?: Solutions to Today's Toughest Challenges from the

Father of Modern Management）一書中，Drucker 曾說到「就目前情況而言，真相是，無論企業或任何領域的組織，他們在最終業績的績效考核上，太多的管理者在利用績效考核工具的道路上走偏了，他們每日忙於計算這個、分析那個，通過計算機系統得出了一大堆各式各樣的數據和線索，但是他們忘記了考核的根本意義是什麼。而且，如果運用得不好，績效考核制度還有可能會起到「反向激勵」的效果，使得其無法為組織完成其目標任務而服務。毫無疑問，組織或企業都有一個清晰的，所有成員都應當為之奮鬥的目標，這被德魯克稱為企業都做得不是很好。遺憾的是，很多組織和企業都忽略了這一點。事實上，找到正確的績效指標，在很多時候，是在技術上少做一些，而在企業（組織）文化上多著墨一些。策略諮詢專家霍華德・德雷斯納補充道：「關鍵是，哪些績效衡量指標才是正確的指標？才能夠激勵員工或團隊做對的事呢？」

第三節　如何判斷好的指標案例分享：如何評量矯正機構受刑人職業訓練績效

壹　場景

　　事由：立法院第五屆第四會期司法、預算及決算兩委員會第七次聯席會議

　　時間：中華民國 92 年 12 月 18 日（星期四）下午 3 時 8 分。

　　地點：本院第二會議室。主席：賴委員清德。

　　紀錄：立法院第五屆第四會期司法、預算及決算兩委員會第七次聯席會議紀錄

貳 議題

　　有關技藝訓練課程的成效問題，協助受刑人重新參與正常的社會活動是成立監所作業基金最主要的目的，請問受刑人在監所中習得一技之長，出獄之後的應用情況如何？這方面是否有統計數字？

參 先定義問題

一、有關技藝訓練課程的成效。

二、協助受刑人重新參與正常的社會活動是成立監所作業基金最主要的目的。

三、請問受刑人在監所中習得一技之長，出獄之後的應用情況如何？

四、以上成立監所作業基金的政策目的是否達成，有無績效統計數字？

肆 再定義績效

　　還記不記得前面提到的，Drucker 指出，領導有方的主管都要先回答以下的問題：本機構的績效要如何界定？以醫院急診室為例，駐院醫生看診的速度算不算是一種績效？心臟病患病發後幾小時的活命率呢？教會又有該有什麼績效呢？有些人可能只注意參加禮拜的人數，但是也別忽略了教會對社區的貢獻。兩者都是衡量績效的好方法，但是卻會導致教會經營手法的極大差異（余佩珊譯，2004：1105）。因此，本案例中監所的職業訓練的績效如何界定呢？因為，這直接影響到職業訓練課程的設計？績效的定義直接左右了資源的分配？受刑人在監所中習得一技之長，出獄之後的找到工作，在社會上立足，可否達成？

伍 如何訂定績效指標呢？

一、第一種做法：彰化監獄受刑人技藝訓練班，開創新人生

（一）辦理成效：彰化監獄 25 日舉行受刑人進修班、技訓班等五班的聯合開結訓典禮，開結訓共有受刑人學員 334 人參加，彰化監獄自幾年前開辦受刑人進修班、技訓班以來，共結訓有近 8,000 人，讓受刑人出獄後，有一技之長可以自力更生減少社會問題，實施以來普遍獲各界的好評。（2004/2/25 記者李雲飛，二林報導）

（二）績效指標：辦理多少班次或訓練多少人次

二、第二種做法：「台灣新竹監獄附設技能訓練中心」陸續開辦多項技能訓練職類

（一）辦理成效：依據統計 2004、2005 年度參加技訓人數有 544 人次，以電腦技訓班人數為最多占 29.05%（158 人次）受刑人結訓後輔導參加國家技能乙、丙級檢定，檢定合格率達到百分之百。電腦專業技能又是目前社會最被看好的行業，經調查 2004、2005 年取得職業證照出監 58 人，經追蹤輔導就業者有 39 人，其中從事電腦相關工作有 32 人比例高達 82.05%。

（二）績效指標：從「開辦多少班次或多少人次」轉型為「參加技能檢定合格率」

三、第三種做法：個案管理員，替受刑人找工作

（一）辦理成效：坐過牢的出獄人就像是被貼了標籤，找工作大不易，法務部為了幫助出獄人謀得工作，和勞委會合作推動「個案管理員」計畫，該計畫就是讓出獄的受刑人日後謀職時，不必自己出面，完全由勞委會代為接洽雇主，並具實說明受僱人的身分，免得出獄的受刑人直接面對雇主，處處碰壁，而喪失信心。此一計畫推出後，曾有 6,000 名出獄人前往登記，其中真心想要工作的 1,000 人，已有 123

人透過勞委會成功輔導就業。（《中國時報》，2006/7/12 記者劉鳳琴，台北報導）

（二）績效指標：輔導多少人找到工作；輔導受刑人就職率由原 ％，增加為 ％。

陸 如何判斷好的績效指標？

一、哪一個是「更好的績效指標」

（一）辦理多少班次或訓練多少人次。

（二）參加技能檢定合格率。

（三）輔導受刑人就業率由原 ％，增加為 ％。

二、問題點

　　以上三種績效指標，哪一種是更好的績效指標？如何判斷呢？各位讀者當您擔任主管時，您的部屬將績效指標送到您的辦公桌上時，您如何判斷呢？您不能只覺得怪怪的！您的部屬同仁需要的是一個明確的指引，判斷績效指標「是好？是壞？」的能力。

三、解疑竅門

　　任何事情都有「竅門」，一個竅門的參透可能要費很大的功夫，還要有機緣巧合，但一旦參透後，有了技巧，事情就可以很順利地進行。依循 SMART 來訂定關鍵績效指標，代表 S 的具體性；代表 M 的可測量性；代表 A 的可達成性及代表 T 的有期限性，中文的翻譯都很直觀，只要再稍加解釋，多數人都可以理解，進而運用。

　　最重要而作為判斷「更好」績效指標的「R」：Revelance，一般的中文翻譯成「相關性」。這個詞蠻抽象的，何謂「相關性」呢？筆者經過多年體會之後，將之描述為：績效指標與某一個政策的初始目的間連結度或關聯性。一個績效指標的好壞，要由該績效指標與政策目標鍵的緊密程度來判斷。

本案例中有三個績效指標在實務上，都被用來衡量法務部所屬矯正機關辦理受刑人職業訓練成效的衡量基準。根據筆者收集的媒體報導，各個監獄透過績效指標執行，顯示受刑人職業訓練績效。但這些績效指標是「好指標嗎」？比較起來，這三個個績效指標哪一個是「更好」的指標呢？

四、判斷指引

第一步且非常重要的一步，要找出法務部的受刑人職業訓練的政策目標。根據立法委員的質詢，梳理出其政策目標為：「各監所受刑人辦理技藝訓練課程，是希望受刑人能夠學得一技之長，回到社會之後，能夠憑藉著所學專業，找到工作，能在社會立足。」簡要的說「政策目標」有二個：第一，學得專業傍身，學得一技之長；第二，找到工作，在社會立足。

接著，我們再依據政策目標來判斷「更好」的績效指標。第一種做法：彰化監獄受刑人技藝訓練班，有一技之長，開創新人生。這個績效指標是量化指標，但這個指標是從機關的角度來設計，一般的訓練機構都會採取這種衡量訓練機構績效指標，這種指標的成效易於掌控，但與政策目標的落實有相關性嗎？因此，這個績效指標是量化指標，已具備「S」和「M」二個「好」指標要素，但缺乏「R」這個最重要的要素，亦即未能與上述政策目標中的「第一，學得專業傍身；第二，找到工作，在社會立足」有任何相關性，故還有進步空間。

再看到第二種做法：「台灣新竹監獄附設技能訓練中心」陸續開辦多項技能訓練職類。受刑人結訓後輔導參加國家技能乙、丙級檢定，檢定合格率達到百分之百。電腦專業技能又是目前社會最被看好的行業，經調查 2004、2005 年取得職業證照而出監 58 人，經追蹤輔導就業者有 39 人，其中從事電腦相關工作有 32 人比例高達 82.05%。比較起來，這個績效指標就是「更好」的指標，何故？因為這個指標是透過受刑人參加國家技能乙、丙級檢定的檢定合格率，來呈現新竹監獄辦理受刑人的職業訓練的成效，而這個成效是和第一個政策目的「讓受刑人學得一身專業」緊密結合，也就是所謂的

「Revelvant」（相關性）。因而可使得績效指標，由開辦多少班次或多少人次，進化為參加技能檢定合格率，因為參加技能檢定合格率，與「學得一技之，能在社會立足」這個政策目標更為接近，自然是「更好」的績效指標。

如同前面提到《中國時報》的報導，坐過牢的出獄人就像是被貼了標籤，找工作大不易。因此，「參加技能檢定合格率，固然能學得一技之長，但「能否找到工作，而能在社會立足」這個政策目標還是有距離。因此，第三種做法是，法務部為了幫助出獄人謀得工作，和勞委會合作推動「個案管理員」計畫，輔導許多受刑人找到工作。這個績效指標可訂為「輔導受刑人就業率由原 % 增加為 %」或是「為受刑人與廠商媒合工作的就業媒合率由原 % 增加為 %」。這樣的績效指標是成效指標，是「更好」的關鍵績效指標。何故？因為該績效指標與法務部的受刑人職業訓練的最終政策目標是「回到社會之後，能夠憑藉著所學專業，找到工作，能在社會立足。」緊密連結，符合「R」，具有高度相關性。

謝謝讀者耐心閱讀。總結一下，行政機關公務人員判斷關鍵績效指標良窳的「關鍵」，在於「R」所指涉的相關性（relevance），係指政策目的與績效指標之間的連結、緊密程度，連結程度愈高，愈是「更好」的績效指標。我們在辦理績效管理實務時，或許要盡量求得嚴謹精確的量化績效指標，並非容易之事；但績效指標與績效目標的相關性，絕不可含糊，才能夠將員工的注意力和努力，投注到正確的方向去，這才是好的績效指標的判斷基準。

所謂好的績效指標的判斷基準，可以用「直覺與公務經驗」的直觀判斷其與政策目標間的連結緊密度，即可做精準的判斷。筆者早在 2003 年間，就以上述法務部所屬監所受刑人職業訓練績效為例，運用 SMART 原則分享如何判斷「更好」的績效指標，分享不下百次，廣受好評。特別一提，運用複雜的決策矩陣或層級分析法（AHP），賦予 S、M、A、R、T 間不同權重，形成「指標 SMART 選擇矩陣」，這種數值化的做法「量化而量化」，其實是多餘的。

第七章
績效管理第三個關鍵活動考核階段：做得如何

　　Michaei Armstrong 在《做一名好的管理者》（中譯名）提到，各機關在實施績效管理時應有的態度及正確的認知，筆者覺得言簡意賅，一鵠中的，也正是我們行政機關面對績效管理所欠缺的部分，他說：「績效管理是管理者一直在從事的工作。這並不是他們只會在作為績效管理制度一部分的年度會議上做的事情。這是一種優秀的管理方式，而不是簡單的填表工作。優秀的管理者是這樣進行績效管理的：確保團隊成員了解他們的預期目標，與團隊成員一同對照這些預期目標對績效進行評估，定期對工作成果進行反饋，與員工個人就提升績效、增長知識和開發技能所要做的事情達成一致。」（邱墨楠譯，2019）

第一節　高雄縣政府實施經驗分享

　　高雄縣的例子，算是成功的。何以為證？2006 年 6 月 23 日在人事行政局公務人力發展中心舉辦的「追求卓越績效論壇」，在「地方組綜合座談」中受邀分享辦理經驗的高雄縣吳副縣長裕文，分享了許多寶貴的經驗，筆者要強調這些經驗是「本土的經驗」，是一個經過費心經營灌溉而可以成功實施的經驗，不是有些心存偏見動輒「輕視」政府部門的學者專家可以了解的。由於實際參與推動績效獎金暨績效管理制度，許多經驗、案例都是親身體驗及體會。因此，筆者在許多場合常常表示：「我是幸運的公務人員，因為參與許多重大人事制度的創設、規劃、推動，因此獲得許多寶貴的經

驗。」就是這個道理。

話說回頭，言歸正傳。吳副縣長裕文分享道：「在我四年前就任的時候，高雄縣政府開始實施績效獎金，就把我找去當召集人，那時候我對這個制度還是一頭霧水，雖然當時我對評審方法等規定並不是很贊同，但在實際參與之後，我發現這是一個非常重要的制度，所以經過我們這幾年來的努力，跟各位報告，高雄縣政府拿了七座行政院品質服務獎，拿了一座金斧獎、兩座銀斧獎，兩次金檔獎，以及一次金質獎，我想中央政府金字開頭的獎我們都拿到了。尤其是行政院品質服務獎，在座的教授很多是評審委員，要拿到這個獎真的非常不容易，高雄縣政府在四年內拿了七座獎，而且其中有一半是整體獎，也就是以一個局參加所獲獎的，大約有三、四座。我想，這是因為我們實施了這樣的績效評核所帶來的成果，以前行政院有公文要我們參加這些獎項，我們還要拜託或指定某個局去參加，這樣當然不會得獎，現在則反過來了，若是某個局長若覺得自己夠格，便會自動請纓，而且也不是他們說要參加競賽，我們就讓他參加，還要經過我們縣政府內部的評核、評審以及初選，才能去參加。」

壹 首長或主要決策者實際參與制度的推動

就績效管理制度的落實而言，就是高階主管是否實質參與施政計畫，或者說績效目標的設定、執行及考核，是制度能否風行草偃的關鍵，這一點在許多國內外績效管理專書都得到印證。

一、首長或主要決策者正確及堅持的態度

一個制度的落實，首長或負實質決策責任者的重視是最重要的關鍵，當時高雄縣政府績效獎金暨績效管理係由吳副縣長負責，根據高雄縣政府的簡報指出，吳副縣長親自主持績效獎金目標設定審查會及主持委員會審查計畫情形。光這樣書面的陳述，無法彰顯吳副縣長對制度落實的正確態度及堅持。當時，筆者率服務團到高雄縣政府作標竿學習時，根據當時人事主任蕭

伯仁（按，筆者要特別表示，這位蕭主任是人事界少數有原創力及高度執行力的人事菁英）表示，該縣政府之所以成為標竿單位的主要原因之一是，主其事者吳副縣長正確及堅定的態度，據說：第一次在設定年度施政計畫、績效目標研訂時，吳副縣長不但親自主持，而且發生看似有趣，卻是關鍵的事情，特別分享給讀者。

行政機關有個指派出席會議人員等級的潛規則。一個會議若是「副首長」主持，各局處首長或單位主管多不會親自出席，但代表出席者通常都會很客氣的表達：「報告副首長（副縣長），我們局（處）者非常重視副縣長主持的這個『年度施政計畫及目標設定』會議，但是，另有要公，不克親自出席，一定要對副縣長表達歉意。」每個局處依樣畫葫蘆表示歉意後，只見吳副縣長以不疾不徐的口氣說：「沒有關係，回去跟你們長官報告，局處長很忙可以理解，而我是副縣長，身為縣長的副手，相形之下，比較閒。但因為施政計畫或績效目標很重要，各局處首長應該親自出席，不然，楊縣長的競選諾言及施政理念恐怕難以落實。要不然，我可配合大家訂定開會時間，請您們局處長務必親自出席，散會。」

第二次會議時，所有局處首長及單位主管都親自出席，並對第一次未親自出席表達歉意，客套一番，行禮如儀之後。某一局長說：接下來，我請某某科長做簡報。吳副縣長不待說完，起身說道：「局長身為貴局首長，理應充分掌握全局年度施政計畫及績效目標設定，因此，爾後這個會議一律由局處首長或單位主管做簡報。」冷不防之下，幾個首長報告得結結巴巴。只見，吳副縣長起身道：「看來，有些局處首長未能全盤掌握自己的業務。如果是這樣，我們未來的施政績效令人擔憂，我建議散會。」

第三次會議報告時，由於各局處長都有經過充分準備及思考，報告起來，頭頭是道。吳副縣長非常自豪，且引為該縣政府施政成效，因而樂於分享並做政策行銷。因而，吳副縣長在 2005 年 6 月 24 日人事行政局與台灣大學合辦的「行政機關績效管理暨績效獎金制度學術研討及觀摩會」：「加強首長及各級主管之重視：由副縣長擔任主席，並請各單位一級主管就其績效

目標執行成果以簡報方式親自報告，單位各級主管列席，與委員進行互相討論，加強雙向溝通，以確實呈報執行成果，達到兼顧量化與質化的評核。」於是，各單位一、二級主管除參與各單績效目標設定外，並於績效評估委員會中，由一級主管親自簡報並與評估委員相互詢答討論。

二、首長或主要決策者實際參與

「上行下效」、「風行草偃」。「楚王好細腰，宮中多餓死。」大家耳熟能詳的成語，大凡機關首長都「深知」要推動一個新的政策，就必須以身作則。但政府機關給人的刻板印象是比較多數的機關首長「多」停留在「口頭上的重視」，很少真正的「身體力行」實際動手。但是，當年高雄縣政府所提供了一些吳副縣長實際參與情形，以資證明。例如，「副縣長親自講授績效獎金制度及績優範例」、「副縣長親自主持績效獎金目標設定審查會」、「吳副縣長親自主持委員會審查計畫情形」及「確實審核績效考評作業規定及各單位之績效」。

而這些實際參與的做法到底有何效益呢？到底可以給讀者哪些啟示呢？吳副縣長在 2006 年 6 月 23 日人事行政局與政治大學合辦的「績效論壇」的地方組綜合座談，分享高雄縣政府經驗，或許可以給筆者一些啟示。他說：「人的管理是最困難的事情，我們在推績效評核的時候，困難重重，反彈的聲音很大，在各局評核時，短短三十分鐘的報告，我們要求局長親自參加，若不來就扣他 5 分，沒有任何缺席的理由，不能請假，因為這是對整個局的評核，局長應該要掌握整個局的績效，所以局長當然一定要參加。而這樣的方式，也必須要主秘或副局長以上來對局長要求，否則叫不動他們。對人的管理本來就是最困難的，面對反對的聲音要能一一克服，在實施之後，讓他們了解到這個制度對他們自己也有好處，他們的態度便會由反抗，漸漸變為配合。首長、單位主管親自參與績效目標之設定並控管其有效執行。」

三、單位主管親自參與績效目標設定

縣政總願景、各單位願景、施政計畫、本府六大核心價值與執行中央政

策，有效轉化爲各單位績效目標。各單位一、二級主管除參與各單績效目標設定外，並於績效評估委員會中，由一級主管親自簡報並與評估委員相互詢答討論。

貳　公正客觀之評核機制

公共服務並非無法衡量，是本書所強調的概念，卻也承認公共服務績效衡量如同國際競賽中體操、跳水等，除須建立一套客觀而具有公信力的遊戲規外，更賴建立一個委員會型態的評比機制，該縣政府特別成立績效評估委員會，委員 11 人，產生方式如下：一、當然委員：五人，由縣長自副縣長、主任秘書、機要秘書及機要室、參議室、核稿秘書室內之參議、調用秘書人員中，核圈五名擔任，並由縣長指定副縣長兼任召集人；二、外聘委員：六人，由縣長自縣政顧問團及相關學者專家之中聘任。排除單位主管擔任評估委員，建立公正、客觀、外部參與的績效評估委員會。

參　運用多元且創新的績效管理運作機制（BSC）

該府各單位業務性質差異頗大、項目繁多，透過平衡計分卡「目標執行」、「服務對象」、「內部流程」、「人力經費」等面向設定績效目標及量化績效衡量指標，建立公正客觀之績效考評機制。績優單位經驗分享及辦理實地考核，供各單位相互觀摩學習，並與行政機關與學術單位相互交流學習：行政機關績效管理暨績效獎金制度學術研討及觀摩會。於年初及年終分別辦理績優單位經驗分享及績效獎金實地考核，提供各單位相互觀摩學習機會，形塑績效導向之行政文化。另外聘學者擔任委員透過評估機制與本府一級主管相互討論機會，將學界經驗提供各單位參考；學術單位亦指派學生至縣府有關部門進行績效獎金實習（研究），相互交流學習。

肆　形塑具有績效導向的績效文化

　　除了拿錢以外，我想榮譽是人的第二生命，就像中鋼在中午休息時間，都穿著他們藍色的制服到餐廳吃飯，因為中鋼是賺錢的，他們年終獎金領很多，所以他們不想把制服脫下來，但隔壁的中船，中午休息時間，會先把制服換下來再出去吃飯。因此，雖然績效獎金不多，但同仁彼此之間會去比較。我們的工務局拿到績效獎金，剛好那時候發生南亞的大海嘯，他們就把這筆獎金全部捐出去，所以這筆錢的確是個小事情，重點是我們對他們評定之後，讓他們有榮譽感，讓縣政府公務人員不會被當作是米蟲。在經過我們這幾年的努力，我不敢說，有很快的提升，但我們的績效的確慢慢在進步，最近的幾次民意調查，楊秋興縣長的支持度都很高，我就提醒縣長，若沒有這些員工幫他這樣拼，不會有這樣的滿意度，所以每次滿意度調查出來之後，縣長就會先感謝我們這些員工的努力，而這些員工為什麼會努力？因為他們有一個目標在那裡，大家朝著目標前進，也就是有這個制度讓他們去遵循。

伍　有助各機關及單位施政績效提升

　　此外，吳副縣長在「績效論壇」上分享經驗，他說：「績效也造成了有效率的政府。我們高雄縣有一個本洲工業區，當初我接主任的時候，這塊200多公頃的土地只賣出 15%，我們為了推銷用盡了所有方法，因為加上利息，賣不出去的土地會愈賣愈貴，我們當時一坪地要 5 萬多元，這在南部是非常貴的，所以很難賣出去。最近有一個日商進駐我們環保工業園區，這是我們為了推銷本洲工業區所規劃的一個園區，這位日商老闆之後跟我說，他在設廠的時候，土地的價格並不是他唯一的考量，因為他曾在北部設了一個工廠，但花了兩年才拿到使用執照，他說若不是還有準備一些錢，不然早就倒了。我們透過績效評核制度，讓每個單位縮短一些時間，將原本可能需要二百四十九天的程序，縮短為八十九天，為廠商省了一百五十天，將近五個

月的時間，這五個月廠商不但不用負擔利息的成本，還可以提前五個月就開始運作生產，所以那位日商老闆跟我說，地價多出來的成本，我這五個月就賺回來了。

我們也用這個成績去參加金斧獎，評審委員問我們花了多少錢去做這個事情，我們的回答是一毛錢都沒有花，我們也因此拿到了金斧獎。所以，政府的效率，才是幫助民間賺錢最重要的因素。若我們績效不好，又怎麼會有效率，所以回到一開始的那個問題，政府有沒有臉拿績效獎金？請各位自己判斷，做不好當然沒有臉拿獎金，但做得好當然有臉拿。」績效這個部分，每個地方的文化都不太一樣，每個單位的做法一定都有所不同，但這個制度的確是非常好的，是非常值得去推動的，我也希望我們高雄縣政府，能將它建立為一個既定的政策，持續推動，且慢慢修正。

第二節　中央及地方各級政府熱衷於辦理各種大型節慶活動

如本書一開始提到，為什麼各級政府熱衷於辦理大型活動，台東縣的「熱氣球節」，台中市新社「花海節」、澎湖縣「花火節」、宜蘭縣「國際童玩節」；南投縣結合集集線沿途車站，舉辦觀光鐵道盛會與鐵道文化相關的「南投火車好多節（火車好多載）」。2007年《中國時報》有個報導可以反映出這種盛況，該報導略為：「今年是台灣觀光年，各縣市「活動產業」當紅，全台各地至少有60個大大小小的地方節慶或文化觀光季，根據最新一期《遠見》雜誌調查，全國辦得最成功的文化觀光季，前三名分別是宜蘭國際童玩節（42.3%）、屏東黑鮪魚季（27.7%）以及宜蘭綠色博覽會（26.6%）。這些地方新節慶，不但塑造地方形象，也為地方帶來相當的財富。調查中，以童玩節打響名號的宜蘭縣，以35.4%獲選全國「最會做形象促銷的縣」，第二名則是舉辦黑鮪魚季的屏東縣，換句話說，活動辦得成

功、縣市形象就好，這顯示成功的活動產業對提升地方形象很大助益。活動產業能為地方帶來多少實際的經濟效益呢？調查結果顯示，除了看不見的文化形象及可觀的遊客數量，2004 年屏東東港靠黑鮪魚季賺了約 15 億元，2004 年第一次舉辦的花卉博覽會則為彰化縣帶來 157 萬遊客及 17 億元收入，宜蘭國際童玩節及綠色博覽會亦分別為宜蘭縣帶來 12 億及 3.1 億元的收益，成果十分豐碩。」

壹 宜蘭經驗：宜蘭國際童玩節

一、勾勒出鮮活的民主課責政治經驗

行政院從 2002 年起試辦「行政院暨所屬行政機關績效獎金及績效管理制度」，基於組織學習及標竿學習的理念，2003 年特別到一些表現優異的中央及地方政府訪視，其中宜蘭縣政府表現十分耀眼，筆者得幸能率團訪視，也因此獲益良多。當時，接待我們的是宜蘭縣政府陳主秘所率領的宜蘭縣政府各局處。陳主任秘書當時有二段話，頗發人深省，而且正巧可以回答，為何各級政府熱衷辦理各種大型節慶的問題。他說：劉守成縣長說過一句話可以和我們分享；劉守成縣長說，任何一個民選的地方首長，都希望能夠連任一屆，一次做八年。第一屆靠的是競選團隊，第二屆靠的是行政團隊。因此，我們想要連任就必要做出政績，做出績效。於是，我將這種從政智慧，改寫成較為工整的口語：「每一位民選首長都希望贏得選舉。第一屆是靠競選團隊創造選民青睞，獲得初次執政；第二屆要靠行政團隊贏得選民肯定，獲得再次執政。」如果套用管理學大師 Peter F. Drucker 說：「企業存在的目的只有一個：創造顧客。」（There is only one valid definition of business purpose: to create a customer.）同樣地，就民主政治而言，選民就是顧客，創造顧客的途徑之一，就是以施政績效換得執政。筆者認為，劉守成縣長這種「任何一位參與民選首長選舉者，都希望能夠做八年」說法，除了是一種政治體會外，更重要的是，隱含著民主課責的底蘊。在講究政治行銷

的選舉文化之下，參與第一屆選舉時，固然可以透過政治公關公司，將候選人如產品一樣的包裝行銷，簽下許多選舉支票。選民表面上或許如同購物台一般，在主持人三寸不爛之舌的行銷下，衝動的投下神聖的一票，選民的一票如同簽發一張空白支票一般，哪曉得當選者會不會兌現其選舉支票呢？會不會是不能兌現的空頭支票，更何況有人大言不慚的說，選舉支票本來就不需一一兌現。如果是這樣，民主政治怎會是責任政治呢？其實，很多人包括我在內也都很擔心。直到我體會劉守成縣長所說「任何一位民選首長都希望做八年的」政治大白話，真情告白後，放心了。要想連任就必須要有兌現選舉支票，要靠行政團隊創造績效，因為創造績效，才能創造選民。有了選民，才能連任，才能做八年。

宜蘭縣政府的陳主任秘書又說了一段話，他說：「宜蘭縣政府每年辦的國際童玩節，在冬山河附近的商家及民宿業者，做一個暑假，吃一年。」或許有些誇張，或許他志在行銷縣政。他言者無心，我卻聽者有意。關鍵是，民選首長的政績，連任契機。

二、「有辦又有績效的國際童玩節」民選縣長與民眾頭家「雙贏」的民主課責

一個成功的節慶蘊含著落實民主課責宜蘭經驗。一方面，民眾的幸福感就在國際童玩節「有辦」與「沒辦」之間。「沒辦」則民眾用一句閩南語來形容，「棕簑胡蠅一食無」，「棕簑」是棕的纖維所成的「簑衣」，古時候農夫用做雨衣，「食無」比喻白做工，沒得什麼好處。蒼蠅吃棕簑，吃不到什麼東西，所以「棕簑胡蠅一食無」。

但「有辦又有績效的國際童玩節」，人民賺了錢，提高收入，改善生活，有幸福感；因為「有辦又有績效的國際童玩節」，縣長有了政績，贏得連任。縣長與民眾「雙贏」。

三、「有辦又有績效的國際童玩節」民選縣長、民眾頭家及常任公務人員「三贏」

　　「有辦又有績效的國際童玩節」民選縣長與民眾頭家「雙贏」，其實，還也常忽略了一個關鍵角色，那就是身居幕後卻負責執行績效，被績效管理的公務人員。社會或公務體系對公務人員的人設，往往是「有功無賞，打破要賠。」但其實大多數公務人員都期盼「做有意義的事」，脫離「忙、盲及茫」的惡性循環。讀者或許不信基層公務人員不辭勞苦，願意夙夜匪懈的做「有意義」工作，筆者這裡就有個親身耳聞又經過媒體公開報導的實際例子，請看《中國時報》2006 年的報導：前宜蘭縣農業局長陳鑫益說，曾經在綠博開幕前一晚，農業局還動員大小公務人員達 100 多人，每個人熬夜搬運苗栽，把車燈當成照明燈，大家團結一致，根本沒人計較沒有加班費。最讓他吃驚的是，原本綠博只展覽二十一天，農業局同仁竟然覺得活動日期太短，主動要求拉長期限，就這樣綠博逐步變成為五十八天，都是拜這群毫無僚氣的公務人員所賜（《中國時報》，2006/3/8，A 版）。

　　其實，隱身幕後，默默的使用各種績效管理方法，來提升政府施政績效的公務人員，有如迴紋針般，上承民選首長，下繫民眾頭家，透過績效的執行，落實民選首長的高懸抽象的政見及民眾頭家實質而具體的幸福。舉個例子來說，或許有人看過歷史大劇「雍正王朝」，田文鏡是雍正的臣子，雍正要他在湖南試行官紳一體當差的政策，其中有一段對話是：「皇上放心，文鏡心裡從來只有兩頭，上頭是皇上，下頭是百姓。」我覺得是我們公務人員角色最佳的寫照，或許，會有人說，那是專制體制下的產物，但我要說，許多公務人員都是在扮演隱身幕後，默默而戮力從公的角色，因為來自老牌民主國家－英國，對公務人員的要求，就是在當代民主國家的文官中立的素養，確保文官對部長或政治性任命人員或民選首長之忠誠，客觀、坦率地提供政策建議，全力執行部長的政策，以確保公正執行事務及獲得人民的信任；而其所以能維持，主要植基於「政治效忠」、「無私建言」及「匿名性」

三項傳統（鄧志松，1998：111-114）。其中隱身幕後，執行政策的素養植基於「無私建言」指文官必須竭盡所能，實務的觀點告訴首長政策的利弊得失。「匿名性」指文官對外沒有名字。政府的所有文件均是以部長之名對外發表，理論上，沒有人知道實際操作的文官是誰，也沒有人知道文官扮演多大之角色；在匿名性保護下，文官隱藏幕後，迴避政治紛爭，常任文官也可以透過各級政府所推動的大型節慶的活動，做有意義的事，獲得成就感，因此，透過「有辦又有績效的大型節慶活動」可以使民選縣長、民眾頭家及常任公務人員「三贏」。

貳　台灣燈節的績效管理意涵

一、緣起

　　台灣燈會（英語譯名：Taiwan Lantern Festival）是台灣自 1990 年起於每年元宵節舉行之燈藝節慶活動，交通部觀光局為慶祝元宵節，並將特有傳統民俗節慶推廣至國際。自 1990 年起結合民間及地方政府資源，將元宵節提燈籠的傳統民俗活動，以本土化、傳統化、科技化及國際化之理念，包裝成大型觀光盛會，原均在台北舉辦，名為「台北燈會」。交通部觀光局從 2001 年起改為全國各地巡迴舉辦，並改名「台灣燈會」，交付由各縣市角逐主辦權，因績效斐然，成為全國性的國家級活動。每年的燈會都吸引成千上萬的民眾前往參觀，亦帶動周邊的商機，不管是燈會現場或當地的名勝觀光地，為政府或民間各方面都帶來大量的觀光效益，創造莫大商機及經濟效益，致各縣市政府強力爭取。

二、辦理成效

　　台灣燈會自 1990 年開始舉辦，至今日已三十年頭，2020 年因疫情停辦，合計舉辦 32 屆。因為舉辦屆數甚多，為利分析，筆者依據績效評量分析之目的，主觀篩選出以下四屆台灣燈會：（一）最曲折的彰化縣「2012 台灣燈會」；（二）成本最低的南投縣「2014 台灣燈會」；（三）參觀人數最

多的桃園市「2016 台灣燈會」；（四）屏東縣「2020 台灣燈會」。

（一）最曲折的彰化縣政府「2012 台灣燈會」

筆者於 2011 年奉派至交通部服務，正巧躬逢其盛，得以了解彰化縣政府爭取主辦台灣燈會的及曲折之處。2012 台灣燈會共有基隆市、桃園縣、新竹縣、新竹市、彰化縣、南投縣及雲林縣等七個縣市政府提出計畫角逐舉辦權，經觀光局邀請具有空間規劃、建築、民俗、觀光、行銷等專業背景共 10 位委員於 2011 年 2 月 9 日召開評選會議，針對活動場地、交通規劃、接待能量、觀光產品規劃、經費預算籌編情形及展後各式花燈處置等項目予以研商評選，最後由彰化縣脫穎而出。

彰化縣脫穎而出，誠屬不易，彰化縣全體縣民自當同心協力，全力辦好，不在話下。然而，令人意外是，舉辦地點鹿港地區竟然傳出反對的浪潮。觀光局在交通部部務會議提出出人意表的報告。據當時交通部觀光局實地訪查報告，是因為鹿港是一個宗教、人文藝術豐富又多元的地方，當地仕紳有一種文化的自榮感及愛鄉情結。彰化縣政府爭取到主辦權，但鹿港當地士紳地反對，他們以小鎮充滿文化氣息自傲，而燈會是個高度商業化的活動，帶來庸俗化，帶來人潮與車潮，破壞了鹿港本來是寧靜的小鎮，產生經濟學所謂的「外部效果」。然而，因為燈節與春節銜接，在未正式點燈之前會先試營運，吸引來自全國各地的人民嘗鮮，其結果車潮帶來人潮，人潮帶來錢潮，我帶著家人一起見證那個盛況。有趣的是，隔週的交通部部務會報，觀光局報告，鹿港居民及仕紳，在體驗了人潮、錢潮的好處之後，已轉而支持台灣燈會，不費吹灰之力，過程有夠曲折吧。

當時觀光局長賴瑟珍在閉幕時，為鹿港台灣燈會做了總結。她說，這次鹿港的台灣燈會是歷年來最高難度的燈會，因為有別於以往找一塊場地辦燈會，我們是找一個鄉鎮辦燈會，把整個鹿港鎮的名勝、古蹟、廟宇都納入燈區的範圍，整個鹿港就是一座燈城，我們也將鹿港深厚的文化底蘊藉由此次燈會呈現在全世界眼前。2012 台灣燈會創下多項燈會歷史新紀錄，除了是

有史以來規模最大、展期最長、主燈量體規模最大之外，動員人力、表演場次以及全國花燈賽參賽花燈的質與量，均打破歷屆燈會紀錄。從 2 月 4 日試燈起至 19 日閉幕止，累計賞燈遊客高達 1,146 萬人次，創造至少 100 多億元經濟產值。

（二）投入成本最低的南投縣政府「2014 台灣燈會」

　　據交通部觀光局的統計，2012 年起除了 2014 年在南投、2018 年在嘉義舉辦的燈會，歷年觀光產值都上看百億元，參觀人次除了 2014 年在南投縣，其餘都超越 1,000 萬人次，根據南投縣政府的說法，該府用了六年的爭取辦台灣燈會，終於能夠在 2014 年舉辦「2014 台灣燈會」，並表示在燈會正式開幕前，外界並不看好由南投縣主辦的台灣燈會，但這次舉辦的燈會成果卻超乎了外界的預期，創下了五項新佳績，一是用最少的經費預算編列為 1 億 9,500 萬餘元，活動結束經結算追減 4,550 萬元，實際僅花費 1 億 4,950 萬元，為南投縣創下 35 億 4,755 餘萬元的經濟產值，遊客整體滿意度高達 96.98%。

（三）參觀人數最多的桃園市政府「2016 台灣燈會」

　　「2016 年台灣燈會在桃園，績效卓著，原因何在？」根據報導，桃園市長表示：「籌備期間加強招商服務，簡化流程，縮短攤商申請期程，吸引最多企業團體參與──民間企業 183 個單位，23 間觀光工廠參展，以吸引 2,050 萬參觀人次，以 5 億元預算，締造 150 億燈會經濟效益，本益比之高，超越事先評估，也讓周邊市民分享經濟效益。本次燈會圓滿閉幕，成為桃園人共同的美好記憶！2016 年在桃園燈會參觀人數為 2,049 萬 9,253 人次。觀光產值則是歷年新高，為 150 億元。

（四）屏東縣政府「2020 台灣燈會」。

　　根據交通部觀光局統計，歷年台灣燈會以 2016 年桃園燈會 2,050 萬人次最高，其次是 2015 年的台中燈會 1,375 萬人次，屏東縣府原本預估台灣燈會總人次約 800 萬至 1,000 萬人次，結果參觀人數，衝破 1,339 萬人

次，帶動屏東經濟產值約 130 億元，出乎各界意料。觀光局表示，台灣燈會 2020 年大成功有三個原因，包括創舉不斷、環境優美及打出口碑。台灣燈會在屏東大鵬灣舉辦，整理出許多神秘的數字，其中參觀總人次達 1,339 萬，更與電信業者合作，用「手機訊號」偵測人次，採科學方式來統計。過去類似燈會這種大型活動，會由現場工作人員以人工按碼表、裝設感應器、車流預估等方式計算，這種方式容易出現重複計算的盲點，2020 年燈會跟電信業者合作，經由系統，透過手機偵測人數。

　　回到原本的問題：「中央及地方各級政府為什麼舉辦大型節慶活動呢？」2013 年新竹縣長邱鏡淳的一段話，可以作為總結，他分享辦理台灣燈會經驗說，舉辦台灣燈會「高興一天，辛苦一年，但回憶一輩子」。特別是燈會帶來商機，看到民眾有錢可賺，所有投入的辛勞與努力都值得。

三、績效管理的意涵

　　各級地方政府辦大型活動與績效管理制度間有何關係呢？這一個命題可以分解以下幾個層面：

（一）要回答「各個地方政府所舉辦大型節慶活動的績效如何？」的問題。

（二）要回答「評量績效的基準為何？而評量績效的基準就是所謂的績效指標」的問題。

（三）要回答「能夠彰顯各級政府舉辦大型節慶活動的績效指標有哪幾種類型？」的問題。

（四）要回答「哪依類型的績效指標最能夠彰顯績效呢？」的問題。

　　從上述各具特色的台灣燈節的活動中，可以梳理出三個共通性的績效指標，第一個是投入成本最低的南投縣政府「2014 台灣燈會」，其績效指標為投入指標。至於參觀人數則屬於產出指標，觀光經濟產值則屬成效指標。從民眾的角度來看，觀光產值經濟效益直接影響的人民實質收入，成效指標比產出指標更為重要。至於，各縣市政府、各年度燈會績效孰好孰壞？也因有了可觀而具有公信力指標，可以一較高下，讀者心中自有定數。

　　最後，想起行政院前院長毛治國於其擔任行政院副院長時，應邀在2012年行政院人事主管會報發表演講時曾指出，從商鞅變法到戊戌變法的歷代變法中，較爲成功的是明朝張居正的變法圖強，而其關鍵因素之一，就是將考成法作爲整飭吏治，落實施政成效的有效手段。張居正整飭吏治的思維邏輯，發韌自「治理之道，莫急於安民生，安民之要，莫急於核吏治」，一旦官僚體制因循怠惰了，一切良法美意皆如空中樓閣；於是張居正透過建立考成法，立限管制，定期稽核，隨事考核，嚴格控管官員績效，更重要的是結合考察法，綜核名實，信賞必罰，使得「事的考成」與「人的考察」互爲表裡，相輔相成，於是產生了「自是一切不敢飾非，政體爲肅，雖萬里之外，朝下而夕奉行」。「自考成之法一立，數十年廢弛之政漸次修舉。」（林文燦，2015）

　　「以史爲鏡，可以知興替。」筆者認爲張居正的變法圖強「成功關鍵之處在於一、將針對評估國家重大政策執行成效的「考成法」，以及針對考核官吏個人績效的「考察法」及做緊密結合，亦即將重大政策的考成結果與官員的陞遷黜陟做結合。質言之，張居正將「事」（國家重大政策）的落實，寄託在人（官員的績效）的考核之上，而透過誘因（陞遷與黜陟）予以結合。塑造了「綜核名實，信賞必罰」的行政文化，這也呼應了公務人員考績法第2條規定：「公務人員之考績，應本綜覈名實、信賞必罰之旨，作準確客觀之考核。」的立制旨意。

　　因此，一個完整的績效管理制度必須能夠展現機關整體績效、內部單位績效及員工個人績效，形成所謂績效目標金字塔。就制度建構層面而言，我國政府機關績效管理制度除了研考會所側重的「機關層次」施政計畫的績效評量，以及公務人員考績法所側重的「個人層次」的績效考核外，尚須一套承上啓下，側重「單位層次」行動方案的績效評量。從2001年公務人員考績法修正草案第14條條文，其第2項文字爲：「主管機關及各機關得視其業務特性及需要，分別辦理所屬機關間及內部單位間之團體績效考核，考核結果作爲評定機關及單位人員考績及獎勵之參考。」雖至今尚未完成立法，

但已讓一套完整的行政機關績效管理制度，有了法制化之落腳。

　　本書一開始提到，本書書名為：「績效管理」，副標題之一是「突破政府績效無法衡量的迷思」；身為常任文官更想知道如何進行績效管理，能否為人民追求人最大的幸福？具體的做法就是如書名「績效管理」的另一個副標題「有效訂定績效指標的指引」，旨在讓讀者透過本土實務案例，印證訂定績效指標的參考指引；以及如何判斷「好」關鍵績效指標的竅門，這也是最大的目的之一。回首來時路，不曉得這些目的達成否？

參考書目

一、中文部分

丁志達（2003）。績效管理。揚智文化。

子玉譯（2004）。願景的力量。藍鯨出版。

王永貴譯（2009）。管理使命、責任、實務（使命篇）。（美）Peter F. Drucker 著。機械工業出版社。

王喆、韓陽譯（2017）。策略選擇：掌握解決問題的過程，面對複雜多變的挑戰。（美）Martin Reeves, Knut Haanaes, & Janmejaya Sinha 著，經濟新潮社。

王敏譯（2019）。聚焦：高壓環境下精準決策的行動指南。（美）Brandon Webb 著。中信出版社。

王銘亨（2018）。各國道路交通事故傷害分類暨資料蒐集制度研究。交通學報，第 18 卷第 1 期，頁 43-64。

中國統計學會（2011）。無處不在的統計。中國統計出版社。

朱悅瑋譯（2013）。看穿一切數字的統計學。（日）西內啓著。中信出版社。

余佩珊譯（2004）。使命與領導。（美）Peter F. Drucker 著，遠流出版。

徐仁輝（2004）。績效評估與績效預算。國家政策季刊，第 3 卷第 2 期，頁 21-36。

石雨晴譯（2019）。人人都該懂的科學哲學。（美）Geoffery Gorham 著。浙江人民出版社。

行政院研考會（2011）。行政機關施政績效評估制度。http://www.rdec.gov. tw/np.asp?ctNode=11966&mp=100（檢索於 2011 年 4 月）。

山梨廣一（2019）。麥肯錫簡明戰略：戰略構築的 6 個基本步驟。廣東人民出版社。

李田樹譯（1998）。大師的軌跡：探索杜拉克的世界。（美）Jack Beatty 著。天下文化。

李偉譯（2020）。請用數據說話：關於理性思考、精確表達的 44 堂數據思維訓練課。（日）久保憂希也著。中信出版社。

李芳齡、許玉意譯（2019）。管理的本質：迎戰複雜與變局的高績效之道，打造每個人都能實踐的核心能力。（英）Fredmund Malik 著。天下雜誌。

巫宗融譯（2007）。格魯夫給經理人的第一課。（美）Andrew S. Grove 著。中信出版社。

林文燦（2009）。公部門待遇管理－策略、制度、績效。元照出版。

林文燦（2011）。行政機關團體績效評比機制之研究。研考雙月刊，第 35 卷第 3 期，頁 40-55。

林文燦（2015）。公部門績效管理的實踐－張居正考成法歷史經驗的啓示。研習論壇，第 173 期，頁 1-12。

林文燦（2018）。我國公務人員年金改革核心問題成因之探討－路徑依賴分析。人事行政，第 203 期，頁 56-73。

林文燦（2020）。公務人員年金改革財務永續性之開源策略與策略人才管理模式結合之探討－策略的觀點。人事行政，第 213 期，頁 63-81。

易安靜譯（2016）。你為什麼而工作：價值型員工進階指南。（美）Barry Schwartz 著。中信出版社。

金磊譯（2021）。OKR 思維。（日）天野勝。中國友誼出版社。

胡曉紅、吳旋譯（2019）。管理陷阱。（英）Stefan Stern & Cary Cooper 著。科學技術文獻出版社。

那國毅譯（2021）。百年德魯克（第 2 版）。機械工業出版社。

高翠霜譯（2000）。新策略管理制度：平衡計分卡。收錄於績效評估，（美）Kaplan, R. S & Norton, D. P. 著。天下文化。

高翠霜譯（2022）。如何衡量萬事萬物（經典紀念版）：做好量化決策、分析的有效方法。（美）Douglas W. Hubbard 著。經濟思潮社。

侯嘉玨譯（2021）。做一個更好的管理者：達成有效管理的 56 項基本技能

與方法。（美）Michael Armstrong 著。日出出版社。

郭勇譯（2014）。每天懂一點拯救上班族的數字。（日）森眞太郎著。湖南文藝出版社。

陸巴旎譯（2021）。好員工的培養法。（日）毛利英昭著。機械工業出版社。

陳亦苓譯（2016）。統計學─最強的商業武器。（日）西內啓著。悅知文化。

陳雪芬（2013）。平衡計分卡績效管理制度成效評估研究─以大型教學醫院為例。台灣大學健康政策與管理研究所博士論文（未出版）。

許瑞宋譯（2019）。OKR：做最重要的事。（美）John Doerr 著。天下文化。

郝勝楠、王夢妮、劉馨蓓譯（2017）。戰略的本質。（英）Crainer, Stuart & Dearlove, Des 著。中國人民大學出版社。

張自義（2014）。管理哲學視角下企業戰略管理研究。中國經濟出版社。

張輝煌編譯（1987）。數量化與評價要訣─統計學上重要實用課題。建興文化。

張鏡清編譯（1987）。什麼是統計分析。建興文化。

馮皓珺譯（2021）。數據如何誤導了我們。（荷）Same Blauw 著。廣東人民出版社。

湯明哲（2004）。企業長期競爭優勢的來源。收錄於陳正平譯，策略地圖：串連組織策略從形成到徹底實施的動態工具，（美）Kaplan, R. S. & Norton, D. P. 著。臉譜出版。

楊獻軍譯（2021）。目標的力量。（英）Brian Maybe 著。四川文藝出版社。

趙晶媛譯（2020）。管理的常識。（美）Stephen P. Robbins, Mary Coulter, & David A. DeCenzo 著。四川人民出版社。

劉祥亞譯（2009）。組織生存力。（美）Peter F. Drucker 著。重慶出版社。

劉祥亞等譯（2012）。執行：如何完成任務的學問（珍藏版）。（美）Larry Bossidy, Charan, R., & Charles Burck 著。機械工業出版社。

遠擎管理顧問公司譯（2002）。策略核心組織：以平衡計分卡有效執行企業策略。臉譜出版。

閻佳譯（2009）。管理前沿。（美）Peter F. Drucker 著。機械工業出版社。

鄭新超譯（2021）。拆解一切問題：如何成為解決難題的高手。（日）橫田
　　尚哉著。人民郵電出版社。

戴勝益譯（2000）。愛說笑—品味生活，快意人生。聯經。

羅珉譯（2017）。德魯克與他的政敵們：馬斯洛、戴明、彼得斯。燕山出版
　　社。

二、英文部分

Ackermann, F. & Eden, C. (2011), *Making Strategy: Mapping out Strategic Success*, Sage.

Aguinis, H. (2018), *Performance Management* (fouth edition), Chicago Business.

Armstrong, M. (2009), *Armstrong's Handbook of Performance Management*, Kogan Page.

Ansoff, R. (2007), Special Memorial Article: H. Igor Ansoff and Strategic Management - Reflections from the Philosophers Stone, in *Strategic Management*, 1-8. DOI: 10.1057/9780230590601_1.

Australian Public Service Commission (APSC) (2019), State of the Service Report 2018-2019, Canberra: Australian Government, https://apsc.govcms.gov.au/state-servic-report-2018-19.

Ayers Rebecca S. (2021), Modern Employee Performance Management in the U.S. Federal Government1 Rebecca, in *Handbook on Performance Management in the Public Sector*, Edward Elgar.

Barnard, C. (1984), *Organization and Management*, Harvard University Press.

Bird, Sheila M. et al. (2005), Performance Indicators: Good, Bad, and Ugly, *Journal of the Royal Statistical Society*, Series A 168(1): 1-27.

Boyne, G. A. & Walker, R. M. (2010), Strategic Management and Public Service Performance: The Way Ahead, *Public Administration Review*, (70): 185-192.

Bryson, J. (2018), *Strategic Planning for Public and Nonprofit Organizations. A Guide to Strengthening and Sustaining Organizational Achievement*, John Wiley & Sons, Inc.

Bryson, J. M. & Alston, F. K. (2011), *Creating Your Strategic Plan: A Workbook for Public and Nonprofit Organizations* (3rd edition). Jossey-Bass.

Chenhall R. (2005), Integrative Strategic Performance Measurement Systems, Strategic Alignment of Manufacturing, Learning and Strategic Outcomes: An Exploratory Study, *Account Org Soc*, 30(5): 395-422.

Donnell. Michael O' (2021), Prospects for Continuous Performance Conversations in the Australian Public Service and Systems, in *Handbook on Performance Management in the Public Sector*, Edward Elgar.

De Waal, A. A. (2003), The Future of the Balanced Scorecard: An Interview with Professor Dr Robert S. Kaplan, *Measuring Business Excellence*, 7(1): 30-35.

Doran, G. T. (1981), Way to Write Goals and Objectives, *Management Review*, 70: 35-36.

Drucker. P. F. (1980), The Deadly Sins in Public Administration, *Public Administration Review*, 40(2): 103-106.

Franceschini, F., Galetto, M., & Maisano, D. (2007), Management by Measurement: Designing Key Indicators and Performance Measurements, Springer.

Franceschini, F., Galetto, M., & Maisano, D. (2019), Designing Performance Measurement Systems Theory and Practice of Key Performance, Springer Nature Switzerland.

Gimbert. X., Bisbe J., & Mendoza X. (2010), The Role of Performance Measurement Systems in Strategy Formulation Processes, *Long Range Plann*, 43(4): 477-497.

Grizzle, G. (2002), Performance Measurement and Dysfunction: The Dark Side of

Quantifying Work, *Public Performance and Management Review*, 25(4).

Hamel G. & Zanin M. (2020), *Humanocracy: Creating Organizations as Amazing as the People in Hamel Side Them*.

Halachmi, A. (2002), Performance Measurement and Government Productivity, *Work study*, 51(2): 63-73.

Inkpen, A. & Choudhury, N. (1995), The Seeking of Strategy Where It Is Not: Towards a Theory of Strategy Absence, *Strategic Management Journal*, 16(4): 313-323.

Locke, E. A. & Bryan, J. F. (1966), The Effects of Goal Setting, Rule-learning, and Knowledge of Score on Performance, *American Journal of Psychology*, 79: 451-457.

Kaplan, R. S. & Norton, D. P. (1994), The Balanced Scorecard: Managing Future Performance Video.

Kaplan, R. S. & Norton, D. P. (1996), Using the Balanced Scorecard as a Strategic Management System, *Harvard Business Review*, 74(1): 75-85.

Louis, F. & Ohemeng, K. (2021), Making Performance Management Work in Developing Countries through System Integragtion: The Perspective from Ghana, in *Handbook on Performance Management in the Public Sector*, Edward Elgar.

Michael, A. & Jude K. (2005), *Strategic Planning for Nonprofit Organizations: A Practical Guide and Workbook*.

Nanni A. J., Dixon J. R., & Vollmann T. E. (1992), Integrated Performance Measurement: Management Accounting to Support the New Manufacturing Realities, *J Manage Account Res*, 4(Fall): 1-19.

O'Farrell, I. (2020), SMART Objective Setting for Managers: A Roadmap (performance development series), Evolution Consulting.

Office of Personal Management (2017), Performance Management Guide, https://www.opm.gov/policy-data-oversight/performance-management/ performance-management-cycle/developing/understanding-performance-management-process-and-practices/.

Ohumus, F. & Roper, A. (1998), Great Strategy, Shame about the Implementation!, Proceeding of the 7th Annual Hospitality Research Conference CHME Gladgow, 14-16 April, 218-36.

Osborne, D. & Gaebler, T. (1992), *Reinventing Government*.

Osborne, D. & Plastrik, P. (1997), *Banishing Bureaucracy*, Addison-Wesley Publishing Company.

Parmenter, D. (2019), Developing, Implementing, and Using Winning KPIs, John Wiley & Sons, Inc.

Poister, T. H. & Streib, G. (1999), Performance Measurement in Municipal Government: Assessing the State of the Practice, *Public Administration Review*, 325-335.

Pidd, M. (2012), *Measuring the Performance of Public Services Principles and Practice*.

Public Sector Commission (2013), Performance Management in the Public Sector, a Review of How Agencies Conduct Performance Management, Government of West Australia, https://publicsector.wa.gov.au/document/performance-management-public-sector-review-how-agencies-conduct-performance -management.

Schneier, C. F., Shaw, D. G., & Beatty R. W. (1991), Performance Measurement and Management: A Tool for Strategy Execution, *Human Resource Management*, 30(3): 279-301.

Van Thiel, S. & F. L. Leeuw (2002), The Performance Paradox in the Public Sector, *Public Performance & Management Review*, 25(3): 267-281.

Wall, A. (2007), *Strategic Performance Management - A Managerial Approach and Behavioural Approach*, Palgrave Macmillan, 19-53.

Williams, R. (1998), *Performance Management*, International Thomson Business Press.

Woods, P. (2008), Performance Management of Australian and Singaporean Expatriates, *International Journal of Manpower*, 24(5): 517-53.

國家圖書館出版品預行編目資料

績效管理：突破政府績效無法衡量的迷思與有
　效訂定績效指標的指引／林文燦著. －－初
　版.－－臺北市：五南圖書出版股份有限公
　司，2023.02
　　面；　公分
　ISBN 978-626-343-785-2（平裝）

1.CST: 政府組織　2.CST: 績效管理

572.93　　　　　　　　　　112001123

1PTW

績效管理：突破政府績效無法衡量
的迷思與有效訂定績效指標的指引

作　　　者 ― 林文燦（122.1）

發 行 人 ― 楊榮川

總 經 理 ― 楊士清

總 編 輯 ― 楊秀麗

副總編輯 ― 劉靜芬

責任編輯 ― 黃郁婷

封面設計 ― 姚孝慈

出 版 者 ― 五南圖書出版股份有限公司

地　　　址：106台北市大安區和平東路二段339號4樓

電　　　話：(02)2705-5066　　傳　　　真：(02)2706-6100

網　　　址：https://www.wunan.com.tw

電子郵件：wunan@wunan.com.tw

劃撥帳號：01068953

戶　　　名：五南圖書出版股份有限公司

法律顧問　林勝安律師

出版日期　2023年2月初版一刷

定　　　價　新臺幣380元